企業活動の刑事規制

——抑止機能から意味付与機能へ——

松 原 英 世 著

Law & Society Début Series No. 1
Setsuo Miyazawa, Series Editor

信 山 社

Law & Society Début Series 創刊にあたって

第二次世界大戦後半世紀以上を経過し、二一世紀を迎えようとしている今日、我が国における既存の社会構造は根本的批判にさらされている。法、司法制度、法律家の在り方もその例外ではない。その端的な現われは一九九〇年代末期から現実政治において急速に台頭してきた司法制度改革の動向である。今般の司法制度改革の帰結がいかなるものであれ、法、司法制度、法律家の在り方に関する再検討は引き続き行われていくことであろう。

そのような根本的再検討にとって第一に必要とされるのは、現実の法、司法制度、法律家がいかなる価値や利益に奉仕し、いかなる価値や利益を阻害しているかを、経験的に探求することである。第二に必要とされるのは、そのような経験的探求に基づいて、現状をどのように改革すべきであるか、新たな政策を提言することである。そのためには、法学の未来を担う若い研究者たちに対して、経験的・政策論的研究を奨励する研究環境を提供しなければならない。

二〇〇〇年六月

シリーズ編集者　宮澤節生

研究環境に関して決定的に重要な要素のひとつは、オリジナルな研究成果をモノグラフとして世に問う機会が存在することである。経験的・政策論的研究は、必然的に、法学以外の学問分野(discipline)における理論、研究技法、知見等をも活用する、苦労の多い学際的アプローチを要求するものであるが、そのような苦労の成果が未公刊のまま放置されたり、せいぜい所属大学の紀要に掲載されるだけにとどまっていたのでは、当該研究者自身のキャリア形成に結びつくことが少ないだけでなく、その研究成果が社会的に共有される可能性も乏しいであろう。そこで、信山社のご協力を得て、*Law & Society Début Series* を創刊することにした。

以下、シリーズ編集者として、今後の編集方針を説明したい。

(1) 本シリーズは、公募原稿によって構成する。

(2) 応募資格を有する著者は、まだ単著の書物を刊行していない研究者である。

(3) 対象とする研究は、博士論文、助手論文、またはそれらに相当するオリジナルな研究成果で、法、司法制度、法律家等、法現象に関する「経験的」あるいは「政策論的」検討を行うものである。対象となる法分野は問わないし、学際的考察において参照される他の学問分野が何であるかも問わない。自ら一次資料を収集した研究はもちろん、既存の経験的知見を活用した研究も対象とする。

(4) 応募原稿は日本語で、概ね一万五、〇〇〇字以上、二万字以下のものとする。希望者は、原稿二部に指導教授またはそれに相当する研究者による二、〇〇〇字程度の推薦文を添えて、信山社編集部の渡辺左近氏まで応募されたい。採用された場合には、推薦文を巻頭に記載する。

このような形式によるシリーズ出版は、日本ではまだ例が乏しいであろう。しかし、アメリカでは広く見られる形式であって、とくに新たな研究成果の発掘に大きな役割を果たしている。本シリーズが定着し、この形式が日本でも普及することを期待したい。

推薦のことば

二〇〇〇年一月二七日

前野育三法律畑の犯罪学者（刑事政策学者と呼んでもよいだろう）は、どんなに社会学的手法を用いる場合でも、狭義の犯罪社会学者とは異なった役割を期待されている。それは、法執行機関の行動やそれが準拠する法律との関係を重んじること、とりわけ、その正当性の領域あるいは正義の観点を論じることである。正義や正当性を論じるためには、法律の解釈論や立法論との連関を無視することができなくなる。法律畑の犯罪学者にこのような期待がかかっているにしても、犯罪を経験的に扱う以上は、社会学を中心とする経験科学の手法を用いなければならない。経験科学の手法に長じながら正義や正当性の領域を問題にできるのが、法律畑の犯罪学者に期待されている資質であろう。このような資質を育成しようと思えば、法律畑の若い犯罪学者は、一度は、法律学よりも社会学等の経験科学にのめりこむ時期を経験した方がよい。

松原君の研究は、まさにその典型であるということができるであろう。第一部や第二部の研究は、法的正当性を視野に納めながらも、その手法は極めて社会学的である。第三部では、少しばかり法的視点が強化され、第四部では、真っ正面から刑事制裁の法的意味が問われている。まさに理想的な経過を辿ったということができるであろう。

犯罪という複雑な社会現象は、社会学であれ、心理学であれ、一つのdisciplineのみでは解明不可能である。しかし、それを研究する人の学問分野によって解明の視点と重点は異なる。正義や正当性との関係に重点を置いた犯罪の経験的研究について、法学的犯罪学という名称が許されるとすれば、松原君の研究は、法学的犯罪学の重要な里程標として位置づけられることになるであろう。

企業は生産やサービスの提供を通じて社会に寄与している。しかし同時に、企業には、さまざまの反社会的行動も見られる。バブル経済崩壊後の一〇年近い年月は、企業あるいは企業経営者の反社会的行動のデパートの観すらあった。企業犯罪の影響は広範囲に及び、被害は、ときとして深刻である。これらの逸脱行為の有効な防止策を考えることは、犯罪学者あるいは刑事法学者にとって重要な課題である。その際、刑事制裁が世間から期待されているほど有効な方法でないことを理論的に示すことは重要である。企業自体の自主規制が作用しやすい枠組みを作ることや、法の遵守が企業にとって経済的にも有利に作用するような枠組みを作ることの方がはるかに有効な方法であることを、経済法学者や行政法学者に任せるのではなく、刑事法学あるいは法学的犯罪学の立場から発言していかなければならない。その意味でも本書は貴重な労作である。

それでは、企業活動規制の分野で、刑事制裁はまったく意味をもたないものであろうか。この問いに対して、犯罪という悪が適切に処理されることは、共同体の共同感情の維持のために重要であると本書は述べている。本書のこのような視点は、企業犯罪だけでなく、犯罪と刑罰の問題を考える基礎としても重要なものだと言えるであろう。本書は企業活動規制の研究書であると同時に、法学的犯罪学や刑事法学の基礎理論の観点からも重要な基本書として位置づけられるであろう。

はしがき

本書は、「刑事制裁による企業活動のコントロールについて」と題して関西学院大学大学院法学研究科に提出した博士論文に、最小限の補筆・修正を行ってまとめたものである。

その主要な目的は、「企業活動規制における刑事制裁の役割」を示すことにある。それを示すにあたっての見取り図・問題意識は「序論」に譲ることとして、ここでは本研究の出発点となった周辺的な事柄について簡単に述べておきたい。

われわれの社会生活は、好むと好まざるとにかかわらず、様々な場面で様々なかたちで企業活動と密接に関係している。そのため、ひとたび企業が逸脱的な活動を行った場合には、その影響もきわめて大きなものとなる。企業犯罪がわれわれの関心を集める所以である。薬害／欠陥商品による事故／労働災害／環境汚染／証券・金融不祥事等、そのような事例については枚挙にいとまがない。このような企業活動によって引き起こされる被害の重大性ゆえに、企業活動規制に対するわれわれの関心はその予防・統制に集中することとなる。そしてこのような文脈において、刑事制裁も有害事態の防止という側面からその役割を果たすよう期待される。

もちろん、企業の問題行動に対する有効な防止策を考えることは必要である。ただ、そのような観点から刑事制裁は有効なものであろうか。また刑事制裁を有害事態の防止手段として捉えることに問題はないのであろうか。

企業活動規制においては、刑事制裁とともにその他の規制手段（行政的規制・民事的規制）が用意されているのが通常である。そのような場合に、行政的規制・民事的規制だけでは不十分であるとか、刑事制裁のほうが効果的であるといったことが言われるが、実際にどのような規制が行われているのかといった法執行の側面から必ずしも十分な検討がなされているわけではない。外国（母法）において刑事制裁が積極的に活用されているといったことが、わが国でも刑事制裁を活用すべきである（または、活用されうる）ということの理由になるわけではない。不十分な規制となっているのであればその原因を、また積極的に活用していこうとするのであればその条件を経験的に検討する必要があるであろう。また、ともすればその有害事態の規模の大きさに目を奪われ、そのような事態を防止するために当然に刑事制裁も活用すべきであるとの考えが先に立ち、いかに適用するべきかに議論が集中する傾向にあるが、その前に企業の問題行動の対処にあたって「なぜ刑事制裁が必要なのか」を検討してみる必要があるのではないだろうか。そうすることにより、刑事制裁の役割が浮かび上がるものと思われる。

本研究ではその対象として企業活動規制を取り上げているが、ここで導かれる刑事制裁の役割（目的・機能）は必ずしも企業活動規制の場に限定されるものではない。われわれは社会的に規制を必要とするような新しい問題が生じた場合、とりあえず刑事制裁によってこれに対処しようとする傾向にある。そこでは、社会的に問題とされる有害な事態の発生、当該事態をひき起こした行為を防止することへの関心の高まり、そのような防止に対する関心からの刑事制裁への期待、といったパターンがみられるのであるが、企業犯罪のような新しい領域では特にこのことは顕著である。このようなパターンを批判的に検討することは、刑事制裁の役割を考えるうえでの一つの契機を与えてくれる。また、企業活動規制の領域では、前述のように刑事制裁とその他の規制手段（行政的規制・民事的規制）が併存しており、様々な規制手段を用いて同一の対象に対処できるようになっている。そのため、他の規制手段との比較のもとに刑事制裁という手段の役割を検討するには恰好の素材を提供してくれる。そのような意味で、企業活動規制をその対象とすることにより、なんらかの規制政策（何が有効な規制手段であるか／どのような目的のもとでどのような規制手段を用いるべきか）を考える際に基礎となる資料を提供できるのではないかと考えている。

本書はこのような関心から出発したものであるが、そこで導かれた結論が果たしてどれほどの説得力を持ち得ているかについてははなはだ心許ない限りである。本研究を契機として今後さらなる研鑽に努めることをお約束することで、本書を世に問うことについてのご容赦を願いたいしだいである。

ただこのように未熟な研究であっても、ともかくこのようなかたちでまとめることができたのは、多くの方々の励ましやご指導をいただけたからにほかならない。なかでも、学部時代より公私にわたってご指導いただいた恩師・前野育三先生には、とくに深甚の謝意を申し述べたい。先生の惜しみない配慮とご指導がなければ、このようなかたちで研究をまとめることはできなかったであろう。先生のご学恩に報いるには、本書はあまりにも拙いものであるが、今後少しでも先生に納得していただける研究を積み重ねていくことでもってそのご学恩にお応えするほかないというのが現在の偽らざる心境である。

また、本書の基となった原稿に目を通して下さり的確なアドバイスをしていただくとともに、本書の出版を熱心に薦めて下さった宮澤節生先生にもこの場を借りて御礼を申し上げたい。先生は出版に向けていろいろとご配慮下さり、また暖かいご指導やご激励を惜しまれなかった。心より感謝申し上げるしだいである。そして、拙い本書の刊行を快く引き受けて下さった信山社の渡辺左近氏にも心よりお礼を申し上げる。

最後に、今日に至るまで終始無条件に私を励まし支えてくれた両親に、感謝を込めて初めての著書である本書を捧げることとしたい。

二〇〇〇年七月三日

松原英世

目次

第二部　カルテル規制における規制当局の行動

序論

本稿における主要な関心事は、「どのようにすれば有効に企業活動をコントロールできるのか」ということと、「現代において刑法／刑事制裁はどのような機能を営むべきか」ということである。「企業活動をいかにコントロールしていくか」という問いが、われわれの関心を集めることについては多言を要しない。高度に産業化され社会分業の進んだわれわれの社会生活は、好むと好まざるとに関わらず様々な生活場面で様々な企業活動と密接に関係している。そのため、ひとたび企業が逸脱的な活動を行った場合には、その影響／被害も極めて大きなものとなり、そのような事態の発生をどのように防止するかについての関心も高まる。近年、薬害／環境汚染／金融・証券不祥事等、企業活動がわれわれの生活に甚大な被害をもたらす例についてはは枚挙にいとまがない。そのような事態が生じると、それを防止するべく様々な対策が講じられることとなる。

では、どのような対策が講じられるのであろうか。もっとも一般的なものは、そのような事態をもたらした者（企業）に、何らかの不利益を課することによってそれを防止しようとするものであろう。このような対策においてもっとも期待をよせられるのが刑事制裁である。例えば、談合／損失補填／総会屋への利益供与といった企業による経済犯罪の顕在化を受けて、証券取引法／独占禁止法／不正競争防止法の分野で法人ないし事業主の罰金額が何十倍／何百倍と引き上げられた。また近年問題となっている環境保護分野においても、その規制にあたって刑事制裁を積極的に活用していこうとの議論がある。(1)

このような対応には、後者の問い「刑法／刑事制裁はどのような機能を営むべきか」に対する答えが暗に示されている。ここで自明視される答えは、企業活動によって引き起こされる有害事態の防止であり、刑事制裁に期待されるのはその抑止効果である。つまり企業活動のコントロール（有害事態の防止／企業の問題行動の統制）という観点から刑事制裁が必要とされるのであり、その果たすべき機能として抑止効果が当然の前提とされる。

しかし、この前提は当然のものであろうか。さらに言えば、刑事制裁の活用にあたって犯罪（企業による問題行動）の防止を目的とすることに問題はないのであろうか。

数年前わが国のカルテル／談合体質が問題とされたときに、公正取引委員会はカルテル規制の強化にあたって刑事制裁を積極的に活用していくとの方針を示した。つまりカルテルを防止するための手段として、刑事制裁の使用に期待がよせられたわけである。しかしその後実際にカルテル／談合体質は改善されたのであろうか。そもそも刑事制裁による抑止効果は発揮されたのであろうか。

われわれは何らかの（社会的に規制を必要とするような新しい）問題に直面すると、とりあえず刑事制裁によってこれを鎮圧しようとし、新しい刑法を設けるとそれで問題が解決したように考えがちである。このような傾向はわが国の場合とくに顕著で、行政法規に付された多数の罰則規定に見て取ることができる。しかしこれらの罰則規定が実際に適用されることはほとんど無いのであり、このような安易な刑事制裁への期待／依存によって実質的な問題が解決されるかどうかは疑問である。

果たして、「刑事制裁は企業活動のコントロールにおいて違法行為の抑止という側面から有効なものであろうか」。まずはそのあたりから批判的に検討してみる必要があるのではないだろうか。そのようなことを手がかりに、「刑事制裁の目的／機能」について検討してみようとするのが本稿の課題である。

以下叙述の順序として、まず企業活動規制において抑止の側面から刑事制裁は有効に機能するのか、また有効に機能しないのであればその原因は何なのかといったことについて、企業犯罪の典型例であるカルテルを取り上げて検討する。

第一部「刑事制裁によるカルテル規制政策について」では、カルテル規制において積極的に刑事制裁が使用されている米国との比較のもとに、刑事制裁が積極的に活用されるようになる過程とその要因について、法制度面／法技術的側面に焦点を当てた考察がなされる。次に第二部「カルテル規制における規制当局の行動」では、規制当局である公正取引委員会の組織的な要因に注目しながら実際の法執行過程について実証的な分析を行い、どのような規制方針のもとで規制が行われているのか、そしてそのことが不十分な規制にどのように関係しているのかを示す。

以上の検討から導き出される結論は、このような分野において現段階では刑事制裁は有効に機能しない（一般に期待されている企業に対する即効的な抑止効果としては機能しない）というものである。したがって次に残された課題は、「企業活動のコントロールにおいてどのような手段／方法が有効であるのか」ということと、「企業活動のコントロールにおける刑事制裁の機能とはいかなるものか」ということであろう。

そこで第三部「企業活動規制戦略の理論的検討」では、前者の問題について企業犯罪を対象とした犯罪学／社会学における研究をもとに、近年注目されている環境犯罪学および経済的手法を採り入れて理論的な考察を行い、企業活動のコントロールに関して有効なモデルを導き出そうと試みる。そして最後に、第四部「企業活動規制における刑事制裁の機能」において後者の問題が検討される。ここではこれまでの検討を踏まえ、刑事制裁の目的を「犯罪防止」／機能を「抑止効果」と考えた場合の問題点を理論的に整理した上で、刑事制裁の性格、およびそれに課される種々の制約原理から無理なく導き出しうる目的／機能を、その「抑止効果」とは異なる視点から提示してみたい。

従来刑事法学では、刑法の解釈とくに犯罪論の理論構成に力が注がれ、ともすれば理論の精密さその体系的整合性のみに関心が集中し、刑事制裁の機能や実際の法執行の側面については十分な検討がなされてこなかったように思われる。企業犯罪のような新しい領域ではとくにこのことは問題となるのであるが、今なお企業活動に対する規制／制裁は不十分であるとの漠然とした認識のもとで、現実の規制過程やその具体的状況についての理論的／実証的研究を蓄積していこうとすることなく、法解釈論を中心に研究が進められているのが現状である。[2] そこでは刑事制裁の抑止効果を当然の前提としたままに、適用の仕方についての解釈論を組み立てること（またそれに基づく立法論）にのみ議論が集中している。[3] しかしそのような解釈論中心の研究だけでは、法の改正や立法といった局面で社会統制の手段として刑法・刑事制裁がどのような役割を持つべきか（また機能しうるのか）といったことを判断する上で有効な視点を提供することはできないであろう。社会の変化に伴って対処すべき問題（環境問題／薬害／金融関連事件等）が生じてきた場合に、どのように規制を行っていくのかというテクニカルな側面、つまり有効な規制システムの枠組みを研究者が提示する必要があるのではないだろうか。そういった意味で実際にどのような規制となっているのか、そしてその原因は何なのか、またどのようにすれば有効な規制が達成されるのか、といった法執行の側面からの研究も必要であり、その一つの試みとして本研究を位置づけることができるものと思われる。またこのような研究を通じて、何らかの規制政策（刑事制裁／その他の手段による規制）を考える際に基礎となる資料を提供できるのではないかと考えている。

（1）　例えば、［伊東，1984］、［伊東，1994］参照。
（2）　例えば、実務家の視点から実際の法執行における問題点を指摘したものとして、「特集・企業犯罪をめぐる現代的諸問題」、『刑法雑誌』36巻2号における〔小木曽, 1997〕参照。

（3） 最近のものとして、〔川崎, 1999〕、〔神例, 1997〕、〔京藤, 1994〕、〔佐伯, 1998〕参照。

第一部　刑事制裁によるカルテル規制政策について

—カルテル抑止効果を中心にして—

1　はじめに

ボーダレス・エコノミーあるいはグローバル・エコノミーといわれる時代においては、共通の経済ルールの上に立った競争が求められている。そこでそのような国際状況の流れのなかで、わが国独占禁止法の運用も強化すべきであるとの声が内外で高まってきており、現実にその方向へと向かいつつある。その主たる要因としては、日米構造協議において(1)米国が強く独占禁止法の運用強化を求めたということがあげられるであろうが、ともかくそのような流れのなかで、独占禁止法違反行為に対する抑止力強化の種々の施策の一環としてその違反行為に対する罰金額の引き上げが行われ、公正取引委員会によって同法違反行為に対して積極的に刑事制裁の適用を求めていくとの方針が示された。筆者自身も独占禁止法の運用強化については賛成である。しかしながら、現在のわが国において実際に刑事制裁が積極的に活用されうるのかどうかについては疑問に思うところであり、また刑事制裁による運用強化が必ずしも妥当であるとは思えない。そこで本稿では、わが国において独占禁止政策を実現するために果たして刑事制裁が有効であるのか、つまり刑事制裁が期待どおりの機能（本稿においてはカルテル抑止効果）を果たすことができるのかどうかについて、カルテル規制を中心に検討する。

そこで以下では、次のような順序で刑事制裁によるカルテル規制についてその抑止効果を中心に検討する。

まず2章では、主として社会学における組織論／犯罪社会学（組織体犯罪論）に依拠しつつ、カルテルがどのように形成されるのかについて概観し、それに対する規制策について検討する。ここでは、刑事制裁によるカルテル規制においては、確実な訴追・処罰の実現が必要であることを強調する。

しかしながらわが国においては、これまで独占禁止法の運用（カルテル規制）にあたって刑事制裁はほとんど適用されてこなかった。さしあたって米国との関係等から刑事制裁が活用される気運にあるが、これが永続的なものか否かは未知数である。そこで3章では、カルテル規制に刑事制裁が積極的に活用されるようになる過程とその要因について、実際に刑事制裁が積極的に活用されている米国を例にあげて考察する。

4章では、3章で考察した米国との比較のもとに、わが国において刑事制裁が積極的に活用されうるのかどうかを中心に、カルテルに対する抑止効果について検討する。

そして5章において、以上の考察を簡単に要約し、結論と若干の問題点に触れて結びに代える。

（1） このような点に関する日米構造協議の具体的内容については、［松下，1990 c］参照。

2 カルテル形成要因とカルテル規制政策

2章では、主として社会学における組織論／犯罪社会学（組織体犯罪論）に依拠しつつ、カルテルがどのように形成されるのかについて概観し、それに対する規制策（とくに刑事制裁による規制）について検討する。

(1) カルテル形成要因の分析

本節では、課業環境要因／統制環境要因／組織の内的要因を分析し、その連関を通じてカルテル形成のメカニズムを概観する。

カルテルはサザランド以来組織体犯罪の典型例であるといわれているが、組織体犯罪とはどのようなものであろうか。

組織（企業）はそれを取り巻く環境との間に相互作用を営みながらその目標を達成していく。ここで組織（企業）が、直接的に相互作用を行い適応しなければならない環境を「課業環境」という［平岡，1988：62］。この課業環境に対して、組織（企業）はその目標（利潤の追求等）を達成するべく様々な適応行動（経済活動）を選択する（行う）。この環境適応行動のうち、組織によって選択された違法な組織活動が組織体犯罪である。そしてこのように、カルテルは組織（企業）の通常の経済活動の一部として行われる。

それでは、組織によっていかなる場合に違法とされる適応行動（組織体犯罪）が選択されるのであろうか。

組織の戦略として組織体犯罪が選択されるのは、動因として組織目標が達成されていないか、あるいはその可能性が予見される場合である［平岡，1985：7］。カルテルの場合も同様に、組織目標が現実に達成されていないか、あるいはその可能性が予見されるときに実行される［平岡，1988：63］。

このような動因には二つの状況が考えられる［平岡，1988：63］。一つは、業績の低下等によって目標と業績にギャップが生じるか、それが予想される場合である。この原因の多くは課業環境の変化である。(2) もう一つは、目標達成の不確実性が高まる場合である。これも主として課業環境の不確実性が増大することによる。(3)

しかしながらこうした動因は、多かれ少なかれ全ての組織（企業）に共通しているものであって、これだけでは犯罪は実行されない（カルテルは形成されない）。課業環境において、それを促すさまざまな要因（促進条件）が存在しなければならないのである［平岡，1987：63］。

カルテルの場合、それは主として企業間の協調が容易であるかどうか（カルテル形成のコストが高いか低いか）に関係する［平岡，1988：63］。要するに企業間の同質性の問題（製品の同質性／シェアの均等性／企業数／集中度／事業者団体の存在等）であり、それは市場構造（課業環境）に依存する。(4) わが国の場合、生産財業種で集中度が高い産業においてカルテルが多いこと［平岡，1988：64］、また事業者団体がカルテルの温床になってきたことが［横倉，1979：121］、主たる促進条件の例として指摘できる。このようにカルテルが形成されるには、その動因だけでなくその促進条件が必要であり重要な要素であるといえる。

以上、組織（企業）と課業環境との関係についてみてきたが、組織が関係をもつのは課業環境だけではない。法や司法機関といった環境要素が組織（企業）の行動に制約を課しているのであり、このような統制機関による規制と制裁の適用を受けてはじめて社会的に犯罪とみなされることになる。また組織（企業）がカルテルを選択する場合、課業環境だけでなく当然に統制側の状況を考慮にいれたうえでなされるであろう。そこでこのような環境要素を「統制環境」とし［平岡，1988：62］、以下、カルテル・マインドという概念を用いて、課業環境だけでなく統制環境をも含めてカルテル発生のメカニズムをみていくことにしたい。

ここでカルテル・マインドとは、カルテルへの「選好程度（preference intensity）」であるとし、カルテルを結ぶ「効用」とカルテルに対する「犯罪意識（罪責感）」という二要因の関数であると考える[5]。したがってカルテルの効用が大きいほど、また犯罪意識が薄い（罪責感が低い）ほど、カルテル・マインドは強いということになる。このカルテルの効用は、カルテルを結ぶことによって得られる利得とカルテルを結ぶことに要するコストによって規定される[平岡, 1988：65]。前述した動因はカルテルの利得に、促進条件はそのコストにそれぞれ関係している。そして、統制機関の法執行の態度（訴追の頻度・制裁の程度）もカルテルのコストに影響する。また、犯罪意識も統制機関の法執行の態度によって大きく左右される。そしてこの統制機関の法執行の態度は、規制対象行為（カルテル）に対する社会の反応によるところが大きく、さらにこの社会の反応は直接犯罪意識にも作用する。後述するように、以上はこの分野（カルテル規制等の経済活動を規制する分野）において、とくに注意を要する点であろう。なおこのことと関連して、過去の履歴効果も同様に重要である[平岡, 1988：65]。以前に合法的なカルテルを結んだか、あるいは違法なカルテルであっても訴追や処罰を受けないで済んだ場合には、犯罪だという意識は薄れるのである。

しかし、統制機関は直接犯罪を規制するだけではない。課業環境の状況を規制することによって、間接的に犯罪の発生に関与する場合もありえよう[平岡, 1988：66]。わが国の場合、カルテルの統制機関として重要な組織は公正取引委員会と通産省であるが、これまではカルテル・マインドの形成、またはそれを高める方向にもっぱら寄与してきたといえるであろう。(6) また組織体犯罪においては、犯罪を引き起こす組織自体が統制環境に対して影響力をもっていることが多い。したがって、その働きかけ次第によっては規制のあり方自体も変化することになる［平岡, 1988：66］。この点はとくに注意を要するであろう。

以上、組織と課業環境および統制環境との関係を述べてきたが、最後に組織的要因（組織内における犯罪促進条件）について簡単にふれておく。

V. Aubert は、企業人にとって法の遵守は「普遍主義的（universalistic）義務」であり、企業規範への忠誠は「個別主義的」（particularistic）義務」であって、この二者はしばしば背反関係（一つの規範への同調が他の規範への違反となる）にあり、その場合、一般に個別主義的義務が普遍主義的義務に優先するところに企業犯罪（組織体犯罪）の発生をみている［井上, 1988：82］。したがって、企業犯罪者には自分は規範に同調しているという意識があるので、犯罪意識（罪責感）は希薄となるのである。(7) これは、部分社会である企業（組織）規範の形成が犯罪を促進するというものである。

また、組織体犯罪は組織の一部として各部署に断片的に配分されるという特徴をもつが、それによって犯罪に対する責任が拡散され、責任の所在が不明確になるため、犯罪に関与する成員の犯罪意識は希薄化するという面もある。とくに近年の組織の巨大化は、組織構造の集権化／公式化／複雑化を助長し、結果として犯罪意識の希薄化をより促進しているということができる［平岡, 1985：11］。つまり、組織の構造それ自体が犯罪意識の希薄化／罪責感の低下をもたらしているといえる。

(2)　カルテル規制政策と刑事制裁

本節では、カルテル規制政策、主として刑事制裁による規制（抑止効果）について検討する。カルテル規制を考える場合、前節で述べたように、カルテル・マインドを「カルテルへの選好程度（preference intensity）」と考えるなら、このカルテル・マインドをいかに排除させるか・弱くさせるかがカルテル規制政策として本稿の関心となる。

では、刑事制裁による規制はどのようにカルテル抑止効果をもたらすのであろうか。つまり、刑事制裁はカルテル・マインドにどのように作用するのであろうか。

カルテル・マインドは組織（企業）をとりまく環境（課業環境・統制環境）との相互作用のなかで形成されるが、刑事制裁は課業環境に直接作用することはできない。課業環境に直接作用することによって、カルテルを規制する（カルテル・マインドに作用する）ものとしては、排除措置命令等の行政的措置、通産省等による産業政策が考えられる。刑事制裁はその運用（訴追・処罰）を通じ、統制環境の状況を変化させることによってカルテル・マインドに作用し、よってカルテル抑止効果をもたらすのである。

刑事制裁のカルテル・マインドへの作用をみていくには、刑事制裁の機能（ここでは一般予防効果）

を次の二つに分けて考えることが有益であろう。

ⓐ　不利益を課すことにより、犯罪を行うことから得られる利得（効用）を減少させることによって実現される抑止効果。

ⓑ　刑事制裁（刑罰法規）によって、ある行為が犯罪であると宣言することによる規範意識の強化によって実現される抑止効果。

もちろん、ⓐⓑはそれぞれ別々に作用するものではない。それぞれが相互に作用しながら抑止効果が働くと考えられる。

そこでこのような刑事制裁の機能をふまえて、刑事制裁がカルテル・マインドにどのように関係してくるのかについて考えてみたい。前述のようにカルテル・マインドは、カルテルを結ぶことによる「効用」とカルテルに対する「犯罪意識」という二要因の関数として考えることができる。そして、前述の刑事制裁の機能はそれぞれこの「効用」と「犯罪意識」に対応していることがわかる。そこで、刑事制裁の抑止効果をこの二つに分けて考察することにしよう。

まず前者ⓐであるが、これはカルテルのコストを変化させる（カルテルのコストを高くする）ことによって抑止効果を図ろうとするものである。このような意味での刑事制裁（刑罰法規）の存在は、組織（企業）にとって、訴追され刑罰を科される危険が常に伴うことを意味し、カルテルを結ぶのに要するコストは、刑事制裁を受ける確率と処罰により生ずる損失の大きさに依存することになる。(8)一般に、刑事制裁を受ける確率が高いほど、また刑罰が厳しいほど、カルテルのコストは高くつき、よってカルテルの効用は減少し、結果としてカルテルは抑止されるであろう。カルテルは利潤の追求に動機づけられた、計算され熟慮にもとづいた行為であり、通常の経済活動の過程でその一部として行われるものであるから、こうした経済活動としての性質からみれば、このような意味での刑事制裁にはとくにその抑止効果を期待することができるであろう［芝原，1973：8］(9)。

次に後者ⓑであるが、これは組織（企業）のカルテルに対する犯罪意識を変化させる（犯罪意識を高める）ことによって抑止効果をもたらそうとするものである。しかし、これは刑事制裁（刑罰法規）によって違法と宣言することのみによってなされるものではない。規制対象行為（カルテル）に対する社会の反応にも大きく左右される。またそもそも社会一般に、規制対象行為に対して犯罪(反社会的なもの)であるとの認識や社会常識としての倫理的非難が定着していなければ、実際に刑事制裁を発動することは難しいであろう。伝統的な財産犯等と異なり統一した社会的価値評価（カルテルは反社会的なものであるとの認識）が必ずしも形成されていないこのような分野(カルテル規制等の経済活動を規制する分野）においては、とくにこのことは顕著である。企業のカルテルに対する「犯罪意識（認識の程度）」は、その企業が属する社会の「社会的・文化的風土」にも依存するからである(10)。つまり競争よりも協調を善とする価値観の強い社会、あるいはカルテルが悪であると認識されることの少ない社会では、そうでない社会に比べてたとえカルテルを結ぶことによる効用が同じであっても、企業のカルテル・

マインド（「カルテルの選好程度（preference intensity）」）はそれだけ大きいといえよう。このような価値観・認識に作用する要因は多様であろうが、少なくともわが国の場合、例えば広範な「適用除外カルテル」が容認されていたこと、生産調整・投資調整などの行政指導が行われていたこと（「カルテル容認政策」）が、カルテルを悪とみる認識を企業および社会全体に定着させることを妨げてきたと思われる［横倉，1978：9］。このことは、例えばわが国においてはカルテル容認政策を改め、カルテルは反社会的なものであるという認識を促すことによって、企業のカルテル・マインドを弱く（低下）させることが期待できることを示唆するのであり［横倉，1978：8］、むしろこのほうが有効であろう。

またわが国の行政刑罰法規一般の傾向として、一罰百戒的な刑事制裁の使用がみられるが、このような刑事制裁の使用については、とくに後者ⓑの観点から次のような意見が示唆的である。

「法侵害行為をそれと定義づけ、起訴し、罰するという行為は、実質的な規制効果もさることながらシンボリックな効果も持っている。すなわち不法行為を許さないという規制当局の構えを象徴化し、さらにそれを強化するというものである。もしこれらの行為が長期にわたって存在しないと、不正に対する社会的怒りの中和化をもたらし、結果として不法性を認めていくことになりはしないか［McCormick，1977：30-39］(11)。」

つまり訴追・処罰という行為が長期にわたって存在しない場合、「犯罪意識」は中和化され、希薄化するというのである。わが国においては、これまでカルテルはほとんど刑事訴追されてこなかったが、このような傾向は「犯罪意識」の低下をもたらしているといえよう。

したがって⒜⒝いずれにおいても、刑事制裁の一般予防効果（カルテル抑止効果）を高める（確保する）ためには、違反行為に対する確実な訴追・処罰が必要となる。近時、独占禁止法違反行為に対する抑止力強化の種々の施策の一環として、その違反行為に対する罰金額の引き上げが行われ、また、公正取引委員会によって同法違反行為に対して積極的に刑事制裁の適用を求めていく方針が示されているが、実際にそして確実な刑事制裁の実現が達成されなければ、その効果は望めないであろう。

そこで、次に3章では、カルテル規制に刑事制裁が積極的に活用されるようになる過程とその要因について、実際に刑事制裁が積極的に活用されている米国を例にあげて考察する。[12] わが国においては、さしあたって米国との関係等から刑事制裁の活用が行われる機運にあるが、これが永続的なものか否かは未知数である。そこであらためてこのような点を検討してみる必要があると思われるのである。そして米国での刑事制裁によるカルテル抑止効果についてみてみることにする。

（2）　詳しくは、［平岡，1985：8］参照。
（3）　詳しくは、［平岡，1985：8］参照。
（4）　詳しくは、［横倉，1977：139—148］参照。また、組織内における組織戦略変動過程における組織体犯罪の促進条件については、［平岡，1985：711］参照。

（5） このような考え方は、［平岡，1988：65］によるものであるが、用語を若干変更させていただいた。
（6） この点については後述する。詳しくは、［平岡，1985：66―68］、［横倉，1979］参照。
（7） 例えば、「ビジネスの問題の一つは何が標準的なやり方かということで、法律がどうなっているかということではありません。もしもそれが標準的なやり方であるならばそれは倫理的です。法にかなっていなくとも倫理的です。」という一九五六年アメリカ重電気産業の不正談合による価格協定事件の被告の一人の発言はこの点から非常に示唆的である［井上，1988：82］。
（8） 規制当局がある産業におけるカルテルの訴追／摘発に成功する確率は、カルテルの存在を探知することが容易であり、摘発に投入される予算・人員が大きく、認定が容易となるほど、大きいといえる（カルテルの存在の探知の難易は、基本的にはその産業の市場構造（組織が存する課業環境）に依存する）。また、規制当局（公正取引委員会）のとる訴追政策にも依存する。認定の難易については、例えば「状況証拠」によってカルテルの存在を認定するといった「立証技術の変化」は認定を容易にしよう［横倉，1978：10］。
（9） しかし、このように犯罪（カルテル）のコストを高くすることによって抑止するという点についてのみ考えるのであれば、課徴金等他の措置でも対応できるであろう。
（10） ［川越・松下，1980：25］参照。
（11） 但し、ここでの記述は［井上，1988：94］における［McCormick，1977: 30-39］の要約を引用させていただいた。また、［McCormick，1977: 37］においては、「訴追が行われないということは違反者や違反行為だけでなく、それによる被害者も存在しないということを間接的に示すことになる。」との指摘もある。

(12) 米国の反トラスト法は、わが国独占禁止法の母法であり、わが国独占禁止法に刑事罰規定があるのも反トラスト法（シャーマン法）によるものである。

3 米国における刑事制裁によるカルテル規制

3章では、米国において、カルテル規制に刑事制裁が積極的に活用されるようになる過程とその要因について考察を進めていく。そして、米国での刑事制裁によるカルテル抑止効果についてみてみることにする。

(1) 米国における刑事制裁によるカルテル規制の状況

近年米国では、独占禁止政策（反トラスト政策）の実現において、日本と比べてはるかに刑事制裁による規制が機能し活用されているが、その中心的な規制対象となっているのがカルテルである。[13] 米反トラスト法上、刑事制裁による規制の根拠規定となるのはシャーマン法であり、一条は取引制限を内容とする共同行為一般いわゆるカルテルを禁止し、二条は独占化およびその企図を禁止している。しかし反トラスト法関係の刑事事件はほとんどシャーマン法一条によって訴追されている。例えば、一九七一年から一九七九年の間に司法省によって一六六件の反トラスト刑事事件が訴追されているが、そのうち一五四件がシャーマン法一条によって訴追され、七件はシャーマン法一条と二条によって訴追されている［Eckert, 1980：244］(14)。

もっとも、シャーマン法違反行為に対して近年積極的に活用されている刑事制裁も、シャーマン法制定当初はその適用もあまり積極的ではなく、シャーマン法違反行為に対する刑事制裁適用の適否についてはかなりの議論があった。

ところが七〇年代に至る頃には、刑事制裁適用の適否についてはあまり論じられないようになり、シャーマン法違反行為に対する刑事制裁の適用は一応認められるようになった。そして一九七四年に、シャーマン法違反は軽罪から重罪に引き上げられ、その刑罰も大幅に引き上げられた［Antitrust Procedures and Penalties Act, Pub. L. No. 93-528, §3, 88 Stat. 1708 (1974) (Condified at 15 U.S.C. §1 (Supp. V 1975))］。シャーマン法違反行為に対する刑事制裁適用についての議論の中心は、その抑止力としていかに厳格であるべきかに移っていったのである。例えば一九七三年のthe State Subcommittee on Antitrust and Monopolyにおいて、その関係者たちはシャーマン法の刑事制裁の好ましさについて議論する（疑問を呈する）ことはなく、彼らの関心は直接、提案された刑罰の引き上げはシャーマン法違反者に対して抑止力として効果的であるかどうかに向けられていた［Eckert, 1980：244］。そして七〇年代を通じて刑事制裁の適用はほぼ定着し、以後積極的に活用されるようになり、科される刑罰もより厳格になってきている［Eckert, 1980：250-254］。

そこで、刑事制裁が積極的に活用されるようになる過程を、シャーマン法制定の一八九〇年から一九八〇年までの期間について、その刑事制裁の対象となる行為類型に注目しながらみていくことにする。

(2)　刑事法としてのシャーマン法

シャーマン法制定以来、その規制手段をめぐるもっとも活発な議論は、シャーマン法違反行為に対して刑事制裁が科されるべきか否かについてであった［Flynn, 1966/67：1301］。そして、反トラスト政策（独占禁止政策）を遵守させるために刑事制裁の使用を支持する人たちの主たる前提は、刑事制裁の抑止力であり［Flynn, 1966/67：1329］、刑事制裁に向けられる非難のなかで、もっとも執拗なものであったのが、条文自体の不明確性故に生じる問題点についてであった。

①　シャーマン法の沿革

シャーマン法は一八九〇年に立法され、その基本理念はすでにコモン・ローに見いだされる［Flynn, 1966/67：1302］。シャーマン法はその制定当初、刑事法の体裁をとってはいたが、民事中心の運用がなされていた。立法の推進者であるシャーマン自身も、違反行為に刑事制裁を科すことにはあまり積極的ではなく、民事中心の運用を考えていたようである［Flynn, 1966/67：1304］。しかし当時の議会を取り囲む社会環境は、反トラスト法の立法にあたってはコモン・ローの民事中心の性格から離れ、刑罰をその規制手段の第一次的なものとしようとするものであった。かくしてシャーマン法は刑事法として立法されたのである[Flynn, 1966/67：1303-1304](15)。しかし司法省もまた、施行当初はシャーマン法を原則として民事的なものと理解し、衡平法上の救済をえるためにそれを使用していた[Baker, 1978：410]。

このようなシャーマン法の運用はその包括的な構成要件に由来するところが大きく、実際シャーマン法一条は違反行為について極めて簡単な表現を与えているのみである。

シャーマン法一条（取引制限）

『Every contract, combination in the form of trust or otherwise, or conspiracy, in restraint of trade or commerce among the several States, or with foreign nations, is declared to be illegal.…数州間若しくは外国との取引又は通商を制限するすべての契約、トラストその他の形態による結合又は共謀は、これを違法とする。』

このようなシャーマン法の不明確性についてはシャーマン自身も認めており、次のように述べている。

「合法な結合と違法な結合との間に、法的な言葉ではっきりとした限界を定めることが難しいことは、私も認める。これは、それぞれの具体的なケースに応じて、裁判所が決めるべきことである。立法者としてわれわれがなしうることは、一般的な原則を宣言することである。われわれは、法の意味を実現するために、裁判所はその原則を適用してくれるだろうと確信する。[21 Cong. Rec. 2460 (1890) (remarks of Senator Sherman)]」

「この法律が予定している違法な結合は、コモン・ローの原則や人間の経験則によって判定されるものであり、それは合法で有益なものではない。[21 Cong. Rec. 2457 (1890) (remarks of Senator Sherman)]」

このように刑罰法規としてみた場合、これだけではかなり不十分である。したがって、一八九〇年から一九〇五年までの間に司法省は二一件の民事訴訟を提起したが、刑事訴訟はわずかに七件であり、それも一連の暴力がらみの労働事件であった。そしてこのような事件をのぞいて、施行後しばらくは民事中心の運用がなされていた [Krammer, 1960 : 531]。

しかしこのような民事中心の運用も、サーマン・アーノルドの登場とともに急変することになる。

② サーマン・アーノルドのもとでのシャーマン法

従来、取引制限等の商業活動は、コモン・ローによる民事的な規制手段によって規制されており、またそれで事足りていた。したがって構成要件の不明確性とともに、そのような慣行が定着していたということも、民事中心の運用を促していたといえる。しかし、シャーマン法制定の背景となった一九世紀後半からの産業の集中化等、経済環境の変化によって社会経済秩序が変化し、これまでの慣行によっては取引制限等の商業活動に対するコントロールが効かなくなってきた［McCormick, 1977：30-32］。そこで、シャーマン法の刑罰規定が取引制限等の規制にとって注目されはじめることになるのであるが、以後その積極的な活用を通じて包括的な構成要件による問題点が顕在化してくることになる。

一九四〇年頃、サーマン・アーノルドの強力なリーダーシップのもとに、司法省反トラスト局はシャーマン法の刑事法としての性格を強調していくようになる［Baker, 1978：410］。この民事中心の運用から、刑事中心の運用への転換には彼の以下のような考え方が反映されている。「抑止力として、刑事訴追は現行法において唯一の効果的な手段である。もし民事的救済に威力があるなら、それも抑止力になるかもしれない。しかし、この目的のために差止命令にはなんらのペナルティーもないので、弁護士の失業救済の意味ぐらいしか持っていない。民事訴訟は刑事訴訟を補うものとしては有益であるが、それに代わりうるものではない［Arnold, Antitrust Law Enforcement, Past and Future, 7 Law & Contemp. Prob. 5, 16 (1949). 但し［Baker, 1978: 410］に拠る］」。

そういうわけで、一九三八年から一九四三年の間に、アーノルドのもとで反トラスト局は約三四〇件の訴訟をシャーマン法一条によって訴追し、そのうち二三一件が刑事訴追であった［Baker, 1978：410］。これらのケースのなかには、単純で典型的な価格協定(Simple, old-fashioned price-fixing conspiracies) も含まれていたが、その他に産業界にとって一般に反トラスト法の適用除外にあたると考えられていたようなものまであり、新たな問題を提起していた[Baker, 1978 : 410]。このようなサーマン・アーノルドの訴追方針は、明らかにデュープロセスの基準を超えるものであると指摘されている[Baker, 1978 : 411]。

彼の積極的な刑事中心の運用は、シャーマン法違反に対する刑事制裁適用の適否についてかなりの議論をよんだ。その議論はだいたい次の三つの立場に分けられる［Kramer, 1960 : 531]。

ⓐ　アーノルドとその支持者（刑事中心の運用）：刑事制裁によるdisgrace or ignomityこそが唯一有効な抑止力となる。

ⓑ　反対派（原則として民事中心の運用）：事前にいかなる行為が違法とされるのかわからない。したがってこのような状況で刑事制裁が科されることはunjustでunfairである。

ⓒ　経済学者中心（刑事訴追は最小限に、民事訴訟が好ましい）：衡平法上の救済措置によってこそ競争を促進するような市場構造・行動に修正することができる。刑事制裁の抑止力の重要性は小さい（罰金額が低すぎる）。したがって不当な制限行為を除去するには、衡平法上の救済措置と損害賠償による救済措置との組み合わせが効果的である。

これらの指摘はそれぞれに有意味であるが、そのなかでもシャーマン法違反行為に対する刑事制裁の適用については、ⓑにいうように、不明確な行為類型や前もって示されていない基準によって、経済活動を犯罪として処罰することについての批判がもっとも根強く執拗なものであった(16)。シャーマン法違反行為に対する刑事制裁の適用においては、fair notice の要請が満たされていないのである。

確かにシャーマン法一条の条文それ自体は非常に不明確であり、とても犯罪類型が明確に規定されているとはいいがたい(17)。いかなる行為がこれに該当するかの判断は、シャーマンもいうように、ほとんど裁判所の裁量に委ねられているといってよい。

しかしながら、この点については次のような指摘もある。それは、そもそもこのような経済活動を規制する分野においては、その規制対象故に不明確にならざるをえない面がある（経済法規は、一定の経済政策を実施するために設けられたものであり、また経済法規違反の成立の判断には価値判断の要素が強く含まれる。）[Kadish, 1963：423, 427-428：芝原, 1973：39]。そしてまた、時とともに変化する経済活動を規制する以上、それに対する刑事制裁もその変化に適切に対応しうるように条文の表現に弾力をもたせておいたほうがむしろ効果的である [Eckert, 1980：246]、というものである。

しかし規制対象がこのような経済活動であっても、やはり刑事制裁を科す以上、デュープロセスの点から犯罪類型の明確性／fair notice の要請が要求されなければならないであろう(18)。そしてこのことは、ビジネス活動への弊害（処罰範囲の不明確性により生じる経済活動への萎縮効果、いわゆるchilling effect [Mercurio, 1976：447]）からも要請される。

The Attorney General's National Committee to Study the Antitrust Laws は、一九五五年に現代経済の複雑さを強調しつつ、まさにこの点について次のように述べている。

「したがって、今日のビジネスマンたちに前もって、いかなる行為がシャーマン法上の犯罪とされるのかについて述べることは困難かもしれない。このような危険を考慮に入れて、われわれは刑事訴追は法が明確で、証拠からみて、行為が明らかで不当な取引制限の意図が明白な場合に限ってなされるべきである［Report of the Attorney General's National Committee to Study the Antitrust Laws 349 (1955), 但し［Baker, 1978：411］に拠る］。」

それでは、いかなる場合がこれにあたるのであろうか（反トラスト局はいかなる行為を訴追するのであろうか）。このような行為をfair noticeの要請を満たしつつ有効に処罰するためには、立法による構成要件の明確化以外の法適用における補助手段が必要となる。かかる補助手段として用いられるものには二つあり、一つは行政機関の解釈に委ねる方法（訴追機関が一定の明確な犯罪類型に限って訴追を行う方法）［③の反トラスト局の訴追基準］で、もう一つは裁判所による法規の解釈による明確化［④の当然違法の原則］である［芝原，1973：40；Flynn，1966/67：1314］。

そこで次に、反トラスト局はいかなる行為を訴追するのかについてみていくことにする。

③　反トラスト局の訴追基準

犯罪類型の不明確性は、fair noticeの面から問題となるだけでなく、刑事制裁の使用を支持する人たちの主たる前提である刑事制裁の抑止効果の面からも問題となる。一九七四年の刑罰引き上げに関する両院の公聴会を通じて、一つだけ反対意見があったが、それはProfessor Milton Handlerによるものであり、彼は刑罰引き上げによる抑止効果について次のように述べた。

「司法省は刑事訴追をするか民事訴追をするかについての裁量権を有しているが、すべてのシャーマン法違反は犯罪であるということを、われわれは心に留めて置かなければならない。多くの反トラスト訴訟において、反トラスト法の外延は拡張され、訴訟前には合法であると考えられていた行為が、最高裁での審理の後は、違法であるとされていることがある。裁判所は先例を覆すことや、反トラスト法の範囲や意図を変更すること、そしてわれわれの反トラスト法に彼らの守備範囲を大きく広げるような拡張的な解釈を与えることに躊躇していない。私は個人的に、引き上げられた刑罰によって、自らがそして経験的な助言によって、行為時には合法であると信じて行為したが、後に違法となるような協定において、行為者に対してそのような協定に参加させないような抑止力がいかに働くのかわからない［Mercurio, 1976：440］。」

確かに、行為類型の外延が不明確であり、訴訟前には適法であると思っていた行為が訴訟後には違法であるとされることが多いのであれば、また、事前にいかなる行為が犯罪として刑事訴追されるのかがわからなければ、刑事制裁を科すことによって行為者に対して抑止力がいかに働くのか疑問に思うところである。

シャーマン法一条は、その不明確性は別として、実際には刑事法としての条文と民事法としての条文の二つの条文として機能しているのであるが(19)、シャーマン法は刑事事件と民事事件との間に差異を設けておらず、そのため司法省長官が民刑いずれのケースで訴追するかについての唯一の裁量権を持っており、反トラスト局はシャーマン法違反行為に対して、刑事訴追することもできるし、民事訴訟だけを行うこともできるようになっている［Mercurio, 1976：438］。

この訴追権には法的な基準による規制がなく［Mercurio, 1976：423］、法執行の側の恣意的な判断による差別的な訴追が行われる危険のあることも否定できない。そのため、反トラスト局の訴追形式を選択する決定は恣意的であるとの非難もなされてきた［Baker, 1978：408］(20)。

法を執行するにあたっては、国民の信頼が極めて重要である。起訴裁量がいきあたりばったり(random)で不規則であれば、国民は訴追することを重要な職務であると考えるよりも、なにかゲームのようなものと考えるかもしれない［Baker, 1978：408］(21)。したがって、法の執行はそれが効果的かつ円滑に行われるかどうかは、多分に国民の理解と同意にかかっている。シャーマン法も同様であり、そのためには法の執行が訴訟を提起する際に合理的な基準（政策）にしたがってなされるだけでなく、そのような基準（政策）があらゆる合理的な機会に公表される必要がある［Kramer, 1960：541］。

そこで反トラスト局は、まず一九五五年に刑事訴追の基準を示している［Report of the Attorney General's National Committee to Study the Antitrust Laws 349, 350 (1955) (statement of Stanley N. Barnes, Ass't Att'y Gen. in Charge of Antitrust Div.), 但し［Baker, 1978：411］に拠る］。それによると、一般的に次のような場合は刑事訴追される。ⓐ価格協定、ⓑ他のシャーマン法違反行為で取引制

限又は独占の特別の意図（specific intent）があることの証拠がある場合、ⓒ結合や共謀の目的を達成するために、掠奪的な行為（例えばボイコット）を行ったという証拠がある場合、ⓓ被告人が以前に反トラスト法違反で有罪判決を受けたことがある場合、そして前述の場合でなくとも、被告人が、当該行為がシャーマン法に違反していることを、同様の行為が以前に他の訴訟でシャーマン法違反であるとされていること等によって、知っていた場合には、反トラスト局は刑事訴追をすることができるとしている。

しかしこのような基準は、明確性（fair notice）の点からいっこうに満足のゆくものではなかった。[22] そこで反トラスト局は一九六七年にさらに検討を重ね、その立場をより詳しく示すべく再び刑事訴追の基準を示した［The President's Commission on Law Enforcement and Administration of Justice, Task Force Report: Crime and Its Impact-An Assessment 110 (1967). 但し［Baker, 1978：412］に拠る］。

それは法の意図的な違反行為に対してのみ刑事訴追すべきであるとし、次の二つの要件のうちいずれかを満たした場合にはその意図があるとする。ⓐ違反したとされる原則が明確で確立されたものである場合（当然違法とされる行為類型の場合）、意図は推定される。ⓑ被告人の行為が意図的な違反行為であることが、例えば状況証拠や直接の証言によって被告人が法に違反することを知っているか、または自己の行為の合法性について露骨に無視して行為したと判断されるような場合、その意図は推定される。

従来の訴追基準と比べた場合より処罰（訴追）の範囲が絞られてきたともいえるが、例えばⓑの場合、“willfulness”という言葉によって示される意味以上には何も定義されていないのではないか、というような批判がなされている［Mercurio, 1976：444-45］[23]。このように今回の訴追基準についても、次に示す訴追基準と比較した場合不十分な点がまだまだ残る。

そこで以上の基準は、シャーマン法違反行為の重罪化に伴ってさらに絞りこまれてくる。ベイカーは、「私はこれまでの基準は今日においても依然公正であり、有益であると考える［Baker, 1978：412］。」として、彼が反トラスト局長在任中（Donald I. Baker '76,8,2-'76,5,6）にとったより具体的な訴追基準を示している。彼によると、この基準は彼の前任者であったコイパー（Thomas E. Kauper）、後任者であったシェネフィールド（John H. Schenefield）のそれと実質的に同じであり、七〇年代を通じて反トラスト局の一般的な訴追基準であるとしている［Baker, 1978：406］[24]。ベイカーは、「私は、サーマン・アーノルドがそう考えたように、価格協定（price-fixing）、市場分割協定（market allocation）、そして明らかに掠奪的な行為（clearly predatory conduct）に対しては刑事制裁が最良の手段であると考える。刑事制裁、とくに個人に対する禁錮刑は、反トラスト法上の犯罪に対して一番の抑止力となる。したがって、以下の四つの問題を含まない価格協定事件、市場分割協定事件には刑事訴追を選択する。ⓐ一定の適用除外規定の射程に入っているなど、法が衝突しているという問題がある場合には刑事訴追は行わない。もちろん、適用除外規定の適用範囲が明確にされた後は、その適用除外規定の及ばない協定を刑事訴追することは妨げない。ⓑ法または事実に新しい問題が含まれている場合には刑事訴追は行わない。すなわち、新しい法理論の適用を試みたり、新しいタイプの価格協定などを問題にするときは刑事訴追を行わない。[25] ⓒ先例や従来の訴追基準により混乱が生じている場合には刑事訴追は行わない。ⓓ被告人が自らの行為が反トラスト法に違反するということを認識していないという明白な証拠のある場合には刑事訴追は行わない[Baker, 1978：414-18]。」と、その基準について示している。

これまでの訴追基準では、当然違法とされる行為類型以外の行為についても刑事訴追が行われる可能性のあることを認めていたのであるが、ベイカーの示したそれでは、刑事訴追の対象となる行為を当然違法とされる行為（per se violation）とくに価格協定／市場分割協定といった行為に限定されている点が注目される。そして以上の行為に該当する場合であっても、そのすべてを訴追するわけではなく、新しい問題が生じた場合や従来の基準や先例を変更する場合には、刑事訴追ではなくまず民事訴訟によりその外延を明確にし、いったん明確にされてからはじめて刑事訴追が可能となるとするのである。このようにベイカーの示した基準には、犯罪類型を明確にすることによって、fair noticeの要請をより一層みたそうという意図をみることができる。[26]

以上、訴追基準についてみてきたのであるが、注目すべきは、訴追基準が絞り込まれてくるにしたがって、刑事訴追の件数が以前より増加しているということである。[27] このように訴追基準を絞り込んで明確化することが、刑事訴追の件数を増加させるという機能を果たすことがあるということには留意しておくべきであろう[京藤, 1984：123][28]。このことは fair notice の点から、また反トラスト局の訴追裁量は恣意的であるとの非難に対処し刑事訴追の恣意的濫用を防止する点から必要となるだけでなく、それと同時に運用面での実効性を高めるうえでも重要な役割を果たしていることを示しているように思われる[29]。

④　当然違法（per se illegal）の原則

以上の訴追基準によると、刑事訴追されるのは、価格協定／市場分割協定に限られるのであるが、このような訴追基準が運用面で実際に機能的（訴追側にとって便宜的・機能的であり、且つ行為者側にとっても明確な訴追基準）であるのは、これらの行為類型は当然違法の原則によって処理されるからであろう。そこで、ここではこのような点から当然違法の原則についてみていくことにしたい。

シャーマン法一条のもとで違法とされるためには、当該取引の制限は不当（unreasonable）なものでなければならないのであるが［Standard Oil Co. of New Jersey v. United States, 221 U.S. 1 (1911)］、裁判所はその判断（当該行為（契約／結合／共謀）が不当な取引制限に該当するかどうか）にあたっては、「合理の原則」と「当然違法の原則」という二種類の基準のいずれかを適用する。

合理の原則とは、ある一定の行為類型については、その当不当の判断はその行為が市場に与える具体的な反競争的効果の有無により、ケイス・バイ・ケイスに行うという原則である。合理の原則のもとでは、ある行為の形が備わるとすぐにそれが違法とされるということはなく、その行為が反競争的効果を有することをそれが行われる市場との関係で具体的個別的に立証してはじめて違法とされる［松下，1990a：17］(30)。したがって合理の原則を適用する場合、裁判所は関連する事案を幅広く検討し（個々の事案の具体的内容にたちいって）、その取引制限行為が競争を制限する性質のものであるかどうか（当該行為の競争促進的な側面が反競争的な側面を上回っているかどうかについての比較衡量等）を判断することになる。そして競争を制限する性質のものであると判断したときにこれを違法とするのであるが、これではシャーマン法一条のもとで違法とされるのは不当な取引制限に限られる、ということ以上に事前にいかなる行為が違法とされるのかについて示すことができない。したがってこのような行為を刑事訴追することは、すでに述べてきたように問題があるであろう。

それに対して当然違法の原則とは、ある一定の行為についてはその形式が備わっただけで違法とし、その行為が市場に与える影響、その事件における特殊状況との関係での当該行為の当不当などについてケイス・バイ・ケイスの判断をする必要はないというものである［松下，1990a：16］。最高裁判所は、当然違法の原則について次のように述べている。

「ある種の協定や慣行は、その競争に及ぼす有害な効果が存在し、そしてそれを補いうる何らかの利益を有していないために、不当であると確実に推定され、したがって、それによる正確な損害や、それを利用するビジネス上の理由について入念に調査することなく、シャーマン法上違法であると推定される。この当然に違法であるとの原則（the principle of per se unreasonableness）は、シャーマン法により禁止される取引制限の類型をより明確にすることで、関係者全員の利益となるだけでなく、ある特定の取引制限行為が、全体として不当なものであるかどうかについて判断する際に、当該業界のみならず、関連業界の沿革全体についての複雑且つ長期にわたる経済的調査をする必要性を回避させてくれるものである［Northern Pacific Railway Co. v. United States, 356 U.S. 1, 5 (1958)］。

スタンダード・オイル事件判決［Standard Oil Co. of New Jersey v. United States, 221 U.S. 1 (1911)］以来、裁判所は合理の原則によって当該行為の当不当性を判断してきたのであるが、そのうちに特定の行為類型の取引制限行為は、その本質上競争制限的性格が強く、その行為自体が非常に有害であることを経験則として認識してきたのであり、そのような行為は、その行為の反競争的な効果について個別具体的な立証を必要とせず、一律に違法としてよいということにしたのである。つまり、一旦その取り決めが価格協定／市場分割協定であると認定されると、その取り決めは当然に違法であり、参加者が有する市場支配力／最終目的（正当化事由等）／市場に及ぼす影響（カルテルの実効性）を審理するまでもなく、シャーマン法一条のもとで違法とされることになる［村上，1987：69］。

これはかなり割り切った考え方であるが、判例によって当然違法の原則が適用される行為類型が示されることによって、ビジネスマンたちはあらかじめシャーマン法違反となる行為を知ることができるのである。(31) その意味で法的安定性／予測可能性（fair noticeの要請）が確保され、また訴訟経済的にも優れているといえる。[32]

前述の訴追基準が機能的である（運用しやすい／明確である）のは、価格協定等の当然違法の行為類型に該当する行為は常に不合理なものであって、シャーマン法一条に違反する違法な行為であるとされるからである。つまり訴訟上問題となるのは、当該行為が価格協定もしくは市場分割協定に該当するかしないかだけである。当然違法の原則のもとでは、市場支配力／協定の目的／市場に及ぼす影響は問題とならないのであるから、以上は違法性の判断には影響せず、当該行為が価格協定／市場分割協定に該当すれば一律に違法となるからである。

行為それ自体を一律に違法とすることによって、行為類型を明確にし、予測可能性を確保し、訴追側にとっての便宜性も確保されることになるのである。要するに、競争者間でのカルテル規制にあたっては、当然違法の原則の運用面での機能的意義はこのようなところにある。しかし、このようになんらの結果も問わず行為面のみで違法性を判断[33]し、犯罪として処罰することの妥当性については疑問に思うところであるし、またそのようなことを含めて、これらの行為は犯罪として処罰に値する行為なのであろうか。次節で、この点について検討してみよう。

⑤　規制対象行為に対する認識と社会の反応

刑事制裁は、どのような場合でも科しさえすればその抑止効果が働くというものではない。社会の倫理的非難の存在に裏打ちされて（国民による犯罪であるとの認識に支えられて）はじめて有効に働きうるといえる（この要請に反する刑事制裁は国民の刑罰制度への不信を招くことになる）[34]。また刑事制裁には、このように社会的非難ないしは倫理的非難という性格があるので、規制対象行為に対する犯罪であるとの認識や社会常識としての倫理的非難が成熟していなければ、実際に発動することは難しいのである。

そこで以下に規制対象行為（カルテル）に対する社会の認識と、このような側面から刑事制裁を促進した要因について簡単に触れておこう。前節で述べたように、米国のカルテル規制は、結果の発生を問わず行為それ自体に向けられているが、このようなことを含めてシャーマン法違反行為（カルテル）は犯罪として処罰に値する行為なのであろうか。

まず、米国のカルテル規制が共同行為それ自体に向けられているということについてであるが、これはカルテル規制についての考え方によるものである。つまり米国のカルテル規制はその根本理念を、単にあるべき競争価格を上回る価格引き上げを阻止するところにではなく、競争業者による経済力の共同行使は社会的・経済的に有害ないし危険であるとの思想を背景に、その経済力の集合的行使それ自体を禁止しようとするところにおいているからである［村上，1987：86］[35]。

そしてその具体的な内容については、価格協定は当然違法であるとの原則を確立した一九四〇年のソコーニー・バキューム事件判決［United States v. Socony–Vacum Oil Co., 310 U.S. 150 (1940)］において端的に示されている。この判例で示された考え方は、自由な価格形成を阻害するものは違法であるというものである。つまり、人為的操作によりマーケット・メカニズムに制約を加えることが悪であるという思想であって、市場力の自由な展開にまかせることが最良の政策であるとする考え方が基調となっている[松下, 1990b : 46][36]。このような考え方によると、価格協定／市場分割協定は競争の制限をその目的とし、人為的操作によりマーケットメカニズムに直接制約を加えようとすることが明白な共同行為であるから、その性格故にそれ自体違法な行為となるのである。

またこのように、カルテルは社会的に有害であり危険であるとの認識が共通のコンセンサスとして存在し、カルテルが犯罪であるとの認識が形成されているということについては、米国ではシャーマン法（反トラスト政策法規）が現実の経済社会の弊害から自生的に発生してきた歴史的経験を持つ国家であり、トラストやカルテルといった経済力の濫用に対する規制の重要性を最も強く普遍的に認識する経済社会を基礎とする国家であるということから［屋宮, 1991 : 283］、ある程度理解できるであろう[37]。

そしてこの点については次のようにも述べられている。

「反トラスト法違反は道徳的な堕落を含む犯罪（crime of moral turpitude）と同等視することはできない[38]。しかし、反トラスト法違反は、特定の社会に深く根ざした確信や、その社会の歴史から描かれた確信、その社会のよって建つ経済的・政治的な前提という意味での習俗（mores）には反している[39]。われわれの経済システムは、私企業制（private enterprise）と競争の哲学の上になり立っているということから、そしてまた、わが国の経験が政府による独占禁止政策の必要性を十分に示してきたということからも、反トラスト法違反は、広くゆきわたった米国市民の経済的・政治的哲学としての習俗に反するものであるということは明らかである。経済の部分部分に私的な政府を作りあげるような私的な結合は、まさに破壊的であり、米国の現在の経済システムを社会主義経済のごとくに覆してしまうものである。そして他の集産主義的な経済システムはわれわれの経済システムの基本的な前提を破壊してしまうであろう。したがって、この意味で反トラスト法違反は米国において堅固に確立された習俗を犯すものなのである［Flynn, 1966/67：1316］。(40)

またこのようなカルテルに対する認識を背景に、規制対象行為（カルテル）に対する社会の反応という側面から、七〇年代に刑事制裁を促進した要因については以下のものが考えられる。

一つは、七〇年代にカルテル規制の範囲が拡大されたということである。まず、従来私的自治に基づく自主規制が容認されていた専門自由業に対しても、他の業界とほぼ同様にカルテル規制が適用になることが確認された。(41)そして七〇年代以降の政府による規制の撤廃・緩和にともない、金融／運輸／通信業界等もカルテル規制の対象領域に入ってきた［村上，1987：77］。このことは産業全体がカルテル規制の対象になることを意味し、米国ではほぼすべての分野でカルテルは禁止されているということである。したがってこのような状況は、カルテルは反社会的なものであるとの認識を定着させ、より高める方向で作用していると思われる。そしてこのことが、一方でカルテルに対する刑事制裁の発動を促進したといえるであろう。

もう一つは、当時米国をおそった深刻なインフレである。実際にその当時インフレ対策の一環として反トラスト法の強化が叫ばれ[42]、政府（司法省）による訴追（刑事訴追・民事訴追）だけでなく、反トラスト法関係の私訴件数も急激に増加している[43]。このような状況は、反トラスト法違反行為（カルテル）の反社会性に対する社会の認識が高まってきたことを示している。そしてこのことも、カルテルに対する刑事制裁の発動を促進してきたといえるであろう。

以上、米国での刑事制裁によるカルテル規制についてみてきたのであるが、米国における刑事制裁の適用を妨げる要因は、その包括的な条文自体の不明確性故に生じる問題、つまりfair noticeの要請を満たしていないということであった。しかしながら、その包括的な構成要件にもかかわらず、訴追基準を絞り込み、明確化することによってfair noticeの要請に対処し、そしてこのことが運用面での実効性、要するに刑事制裁の積極的な活用を促進したとみることができる。また、刑事制裁には社会的非難ないしは倫理的非難という性格があるので、社会常識としての倫理的非難（反社会的なものであるとの認識）が形成されていなければ実際には発動しにくいと述べたが、社会的背景からみて、また七〇年代におけるカルテル規制適用範囲の拡大、当時米国をおそった深刻なインフレ等の要因を考慮するなら、前述の行為を刑事制裁によって規制することについて米国市民のコンセンサスをえていたように思われる。つまり、抑止の必要性だけを根拠にしているのではなく、違反行為の反社会性についての認識の高まりがその前提となっているといえる。

米国では、このようななかで刑事制裁によるカルテル規制を行っていったのであるが、その抑止効果を分析するなら次のようなことがいえるであろう。一般に司法省では、その競争促進的効果を顧慮することなく、当然違法とされる違反行為類型について、つまり価格カルテル／市場分割協定等その違法性が明白な場合には、刑事事件として処理する方針をとっている。例えば、ベイカーは反トラスト局長当時、地方レベルや市場規模の小さなケースで経済的影響が小さなものであっても価格協定のようなケースは、発見した以上は大小を問わず刑事訴追すべきであるとの方針を示している［Baker, 1978：417］。つまり重い刑罰が科される以上[44]、その対象となる行為類型は何の疑いもなく違法と考えられるものに限定し、そのかわりそのような一定の限られた行為類型については必ず刑事訴追をするという方針をとっているということである。

このような確実な刑事訴追・厳格な処罰は、かなりの抑止効果をもたらしている[45]。そしてこのような運用は、功利主義的観点からみても納得のいくものであろう。刑事訴追が限られた一定量の社会的エネルギーであることを前提とするなら、法が規制しようとする行為のすべてに刑事訴追を適用しようとすることは必ずしも適切ではないし、また違反行為に対して確実な刑事訴追を実行していくためには、刑事制裁の行使は必然的に一定の限られた行為類型に対する断片的なものにならざるをえない。したがって、規制の対象となっている行為には様々な程度があることを認めるなら、むしろ、そのう

3　米国における刑事制裁によるカルテル規制

表1　司法省　年度別提訴件数

年度	65	66	67	68	69	70	71	72	73	74	75	76	77	78	79
民　事	38	36	39	48	43	52	60	80	54	40	56	51	47	27	31
刑　事	11	12	16	11	14	4	10	14	18	24	36	19	31	30	28

年度	80	81	82	83	84	85	86	87	88	89	90	91
民　事	28	26	18	10	14	11	6	15	11	6	14	17
刑　事	55	70	94	98	100	47	53	92	87	86	75	81

表2　私訴の提訴件数

年　　度	私訴件数	年　　度	私訴件数
1941—1945	297	1974	1,230
1946—1950	529	1975	1,375
1951—1955	1,045	1976	1,504
1956—1960	1,163	1977	1,611
1961	378　(341)	1978	1,435
1962	2,005　(266)	1979	1,234
1963	380　(283)	1980	1,457
1964	363　(317)	1981	1,292
1965	472　(443)	1982	1,037
1966	722　(444)	1983	1,192
1967	543　(536)	1984	1,100
1968	659	1985	1,052
1969	740	1986	877
1970	877	1987	758
1971	1,445	1988	654
1972	1,299	1989	639
1973	1,125	1990	452

米国裁判所管理室の統計による。
(　)内は，Posner & Easle Jorook, Antitrust 533(West, 1980)による.
(　)内の数値では動向をみるため，1960年代前半の重電機機器価格協定事件から発生した数千件もの私訴をもとの数値から除いてある.

表３　罰金刑判決件数

提訴期間	有罪判決総数 (A)	罰金刑判決数 (B)	比　率 (B)／(A)	各期間の罰金額の合計	１件当りの平均罰金額
				ドル	ドル
1900—1904	1	1	100	1,000	1,000
1905—1909	11	10	90	218,875	21,876
1910—1914	21	19	90	400,090	21,057
1915—1919	13	13	100	145,857	11,220
1920—1924	15	13	87	764,850	58,835
1925—1929	14	12	86	796,510	66,376
1930—1934	8	7	87	142,244	20,349
1935—1939	19	17	89	822,914	51,936
1940—1944	123	123	100	6,319,506	51,378
1945—1949	50	50	100	1,790,123	35,802
1950—1954	65	64	98	1,197,537	18,711
1955—1959	86	86	100	4,306,375	50,074
1960—1964	64	62	97	7,846,552	126,557
1965—1969	46	46	100	5,364,633	116,622
1970—1974	62	60	97	7,768,600	129,476
1975—1979	93	89	96	39,651,175	445,517

表4　禁錮刑判決件数

提訴時間	刑事事件総数(A)	有罪判決総数(B)	比　率 (B)／(A)	禁錮刑判決数(C)	比　率 (C)／(B)	禁 錮 期 間	事件の特徴
1930—1934	11	8	73%	6	75%	3ヵ月 6ヵ月 6ヵ月～2年 2年 2～3ヵ月 3～6ヵ月	独占化—暴力 価格協定—暴力 価格協定—暴力 価格協定—労組—暴力 労組—暴力 労組—暴力
1935—1939	27	19	70	1	5	1年	労組—暴力
1940—1944	163	123	75	0			
1945—1949	58	50	86	0			
1950—1954	78	65	89	2	3	6ヵ月 9ヵ月	価格協定—労組 価格協定—労組
1955—1959	97	86	89	2	2	90日 1年	価格協定 価格協定
1960—1964	78	64	82	2	3	30日 不明	価格協定 価格協定
1965—1969	51	46	98	1	2	24時間～60日	価格協定
1970—1974	66	62	94	8	13	30～90日 30日 30～270日 30日 30日 30日 30日 30～60日	価格協定 価格協定 価格協定 価格協定 価格協定 価格協定—暴力 価格協定 価格協定
1975—1979	110	93	85	17	18	1年 30～45日 30日 1～15日 24～30ヵ月 60日 30～90日 60日 20～30日 15日 6ヵ月 10～30日 30～90日 3年 30～60日 90日 10日	価格協定—恐喝 価格協定 価格協定 価格協定 価格協定 価格協定 価格協定 偽証 価格協定 価格協定 価格協定 価格協定 価格協定 価格協定 価格協定 価格協定 価格協定

表5　1980年代の刑事罰執行状況

	1980	1981	1982	1983	1984	1985
起訴被告人数	72	83	103	113	104	36
個人被告人への罰金総額(千ドル)	667	660	1,585	1,463	1,176	846
罰金刑を受けた被告人数	27	33	42	46	45	43
個人被告人数(実刑—服役)	15	49	54	51	32	11
個人被告人数(執行猶予付)	47	59	72	83	63	53
年間服役日数	1,381	7,041	5,940	6,543	3,181	1,356
起訴された法人数	87	74	113	122	131	50
法人への罰金総額(千ドル)	8,601	16,178	35,223	19,430	19,218	8,633
罰金を受けた法人数	64	77	105	88	92	83

	1986	1987	1988	1989	1990	1991
起訴被告人数	60	116	78	76	72	58
個人被告人への罰金総額(千ドル)	1,152	1,636	1,996	2,892	917	2,806
罰金刑を受けた被告人数	44	42	53	54	30	37
個人被告人数(実刑—服役)	16	15	30	32	17	22
個人被告人数(執行猶予付)	50	48	73	76	42	50
年間服役日数	2,725	1,994	5,892	7,473	2,739	6,594
起訴された法人数	69	119	89	88	88	70
法人への罰金総額(千ドル)	9,570	16,265	28,830	25,600	22,658	17,573
罰金を受けた法人数	56	66	83	86	73	55

いずれの表も［村上，1992］から引用させていただいた。

ち規制の必要のより大きな行為に限って刑事制裁を集中的に利用することが、法の目的の実現にとって合目的であるといえるし、刑事制裁の抑止力としての機能を高めるといえるからである［京藤，1989：109］。

(13) カルテル規制は主としてシャーマン法一条によって行われるのであるが、シャーマン法一条は「数州間若しくは外国との取引又は通商を制限するすべての契約、トラストその他の形態による結合又は共謀は、これを違法とする」と規定するものであり、カルテルは、この規定における「結合又は共謀」とされる［松下，1990 a：41］。

(14) 現在でも反トラスト法関係の刑事事件は一条による訴追（とくに価格カルテル）に集中している［村上，1992：57］。

(15) 当時の社会的要求に応えて象徴的に犯罪であると宣言することにその意義があったようである。このことについては、例えば［McCormick, 1977: 30-32］、［南部，1992：22—23］参照。

(16) 例えば、［Cahill, 1952］参照。また、［Flynn, 1966/67: 1312］においては次のように述べられている。「疑いもなく反トラスト法施行の外延は不明確である。禁じられた行為の範囲も、行為を評価するための法的な基準も、違反を証明する証拠の量と質も不明確である。」

(17) この点については、不明確の故に違憲無効であるとして訴訟で争ったケースが多数ある。しかしながら、［Nash v. United States, 229 U.S. 373 (1913)］において、最高裁は合憲であるとの判断を示している。

(18)「シャーマン法の条文は、合法的に活動している企業を害さないように、また、詳細に述べることによって法の抜け穴を作ってしまい、その目的を達成し得ないようにならないために、詳細には定義されていない。シャーマン法の課す規制は機械的なものでも人工的なものでもない。その包括的な条文は、シャーマン法の根本的な目的を達成するために解釈され、その基本的な合理性（reasonableness）の基準を掲げている［Appalachian Coals, Inc. v. United States, 228 U.S. 344, 359-60 (1933)］。このような説明は、衡平法上の救済措置を求める民事法としてみた場合には妥当であるかもしれないが、刑罰法規としてみた場合はやはり問題があるであろう。

(19) 価格協定や、市場分割協定のような Hard-core violations を対象とする刑事法としての条文と、変化する経済に対応した様々な衡平法上の救済措置を裁判所に求め得るようにかなりの幅と柔軟性を備えた民事法としての条文である［Baker, 1978：405］。

(20) また、それだけでなくこのような包括的な裁量権は、実質的には犯罪類型を定義する権限をも含んでいるのではないかということで、三権分立の点から問題があるのではとの指摘もある［Mercurio, 1976: 438, 449-50］。

(21) 続けてベイカーは、「たとえ反トラスト局長が強制的でない抱き合わせ契約（noncoercivetie-in）に対して起訴状を提出し、その裁量の実施が法律問題として覆された場合であっても、そのような裁量は、司法省に付与された権限の明らかな濫用であるとして、国民の非難を受けるであろう。」と述べている［Baker, 1978：408］。

(22) 例えば、［Kramer, 1960：533］参照。

(23) そしてこのような場合、この分野において被告人が行為時にシャーマン法違反を十分に自覚しているということを立証することは非常に難しい［Kadish, 1963：429］。
(24) そしてこの訴追基準は、現在の反トラスト法の実務においてもほぼ維持されている。
(25) ちなみに、サーマン・アーノルドが反トラスト局長であったときには、このような事案にも刑事訴追が試みられている［Baker, 1978：418］。
(26) このように、刑事訴追に対して慎重さが求められるようになった背景としては、シャーマン法違反行為の重罪化をあげることができる［京藤, 1984：123］。
(27) ［**表1**］参照。
(28) 同様の指摘として、［芝原, 1973：9―10］。また訴追基準との関係では、訴追件数だけでなく科される刑罰も厳しくなってきていることが注目される（とくに禁錮刑の比率）、［**表3**］、［**表4**］参照。
(29) 但し、反トラスト局の訴追基準は立法による定義の適切な代用となるのであろうかという点については疑問が残るところである（［Mercurio, 1976：442-450］参照）。
(30) 最高裁判所は合理の原則について次のように述べている。「真の合法性のテストは、当該制限が単に規制するものにすぎず、それにより競争を促進するものであるかどうか、あるいは競争を抑圧し、さらには排除しさえするようなものであるかどうかである。この問題について判断するために、裁判所は通常当該制限が課せられた事業に特有の事実を検討しなければならない。すなわち、当該制限が課される前と後の状態、当該制限の性格およびそれに対する特別の救済を認める理由、それにより達成しようとして意図していた目的と結果について検討しなければならない［Chicago Board of Trade v. United States, 246 U.S. 231, 238 (1918)］」。但し、［National Society of Professional Engineers v. United States, 435 U.S. 679 (1978)］において、「この原則は合理性の範疇に属するかもしれない取引制限が訴えられたときに、有利になるような議論に対して、反トラスト調査の分野を開放するものではない。むしろそれは訴えられた制限が競争条件に与える影響に対して、端的に的を絞っている（その合意が競争を促進するのか、または競争を抑圧するのかを調査することを、合理の原則は要求しているのである）。解析の目的はその制限が競争に対して持つ意義についての判断を確立することである。」と述べられ、単に競争の抑圧を阻止しようとすることから、積極的な競争の促進へとその考え方が変化してきている［永野，1992：29—32］。

(31) 例えば、マーシャル判事は次のように述べている。「当然違法の原則がないなら、経済人は、個々の場合に裁判所がシャーマン法の下で合法と考えるか違法と考えるかを予測する手だてをほとんど与えられないままにおかれることであろう［United States v. Topco Associates Inc., 405 U.S. 596, 609, footnote 10 (1972)，但し，［京藤，1984：109］に拠る］。」

(32) 取り決めの目的と効果を分析することとなると、多様な要因を入念に分析・検討する義務が生じ、裁判所に専門的知識がないことと相まって法的判断が不能となるか、もしくは審理に長期間かかる結果となるが、（当然違法の原則によって）それを回避することができる［村上，1987：81］。

(33) つまり、協定が一旦成立すれば、それが当初の目的通りには実行されなくても（不成功に終わっても、結果的に妥当なものであっても）、そもそも市場をコントロールする力を欠いていたとしても違法となるのであり、カルテルの実効性は問題とされない［上杉，1976(2)：97］。カルテル規制は共同行為（契約／結合／共謀）それ自体に向けられているのである（［上杉，1976(1)〜(5)］参照）。したがって、価格協定が締結されたり、共謀が形成されたとき、その合意が現実に実施されたかは問わず、直ちにその行為はシャーマン法一条で違法とされる。刑事訴追される事案では合意成立時点で刑法上の犯罪として既遂となるのである［村上，1987：85］。

（34）［芝原，1973］，［前田，1992：10］参照。

（35）経済思想的には，共同行為そのものに反社会性があると考えられているということである［上杉，1976(1)］。

（36）この判例［United States v. Socony–Vacum Oil Co., 310 U.S. 150（1940）］で，重要であると思われる箇所を示しておく。

「シャーマン法の下では，州際取引あるいは外国取引における物品の価格を引き上げ，引き下げ，決定し，維持し，安定化する目的をもって結ばれ，かかる効果を有する結合は，当然に違法である［United States v. Socony–Vacum Oil Co., 310 U.S. 223（1940）］」。

「当該，グループが市場を支配していない場合であっても，市場に有効な影響が存在しうるであろう。価格協定は，所有され又は行使された力が，支配やコントロールに程遠い場合であっても，グループ構成員には効用を有することがあろう……価格を決定する目的で結合が結ばれ，且つ結合により価格が決定され，又はかかる結果に寄与したとの立証があれば，本法1条にいう価格決定の共謀が完成されたとの立証となるのである［United States v. Socony–Vacum Oil Co., 310 U.S. 224（1940）］。」

「関連州際取引又は外国取引の量は問題とはならない（W.W. Montague&Co. v. Lowry, 193 U.S. 38, 48 L ed 608, 24 S Ct 307）。というのは同法1条は制限の性格（charactor of the restraint）を違法としているのであって，影響された取引の量ではないからである［United States v. Socony–Vacum Oil Co., 310 U.S. 150 footnote（1940）］。」

「特定の価格協定がいかなる経済的正当性を有すると考えられようとも，法律はそれらの合理性の追求を許容しない。価格協定は、経済の中枢神経組織に対する、現実の又は潜在的な脅威の故に、全面的に禁止されるのである［United States v. Socony-Vacum Oil Co., 310 U.S. 150 footnote 59 (1940)］。」

(37) また、［United States v. Standard Ultramarine&Color Co., 137 F. Supp. 167 (S.D.N.Y. 1995)］で、Weinfield判事は次のように述べている。「米国の経済的、政治的、社会的福祉は、反トラスト法の積極的で継続的な執行にかかっている。したがって、反トラスト法違反は実際ちょっとした規則違反のようなものであり、犯罪性を含むものではなく、単に「"white collar" offenses」を構成するにすぎないというような考え方は、正義の実現において存在する余地はない。」(但し、［Kramer, 1960：535］に拠る)。

(38)［Flynn, 1966/67：1316］は、「経済的な習俗と人間の道徳性とは、おそらく極端に左や右よりの経済的・政治的な考え方に基づく非現実的な世界を除いては、同等視することはできない。」としている。

(39) もし犯罪というものが、「それが行われたなら、その社会による正式な道徳的非難の表明を受けるであろう行為である」と定義されていて、刑法の一般的な社会目的が、「彼の社会構成員に対する最小限の責任について定義するもの」であるなら、その社会の習俗が刑法の基礎の多くを提供していることは明らかである［Flynn, 1966/67：1315］。

(40) またサザランドは次のように述べている。「シャーマン反トラスト法は自由競争と自由企業を支持する固定した伝統の表現なのである。このイデオロギーは共産主義に対する憤慨の念に明らかである。反トラスト法違反は強固に確立された道徳的感情に対する背反なのである。これらの法律の価値を疑問視するのは、主として、より集産主義的な制度の存在を信じる者たちであって、これらの者は、二つの主要なグループ、すなわち社会主義者およびビッグビジネスの指導者たちに限られている。実業界の指導者たちがその会社活動を通じて反トラスト法に違反する場合、彼らは社会主義者を除けば、アメリカの公衆の殆どすべての分野の道徳感情に違反しているのである［Sutherland, 1955：15］」。

(41)　ただし、専門自由業の分野での事案に関しては、製造業で当然違法である特定の商慣行についても合理の原則に従い、つまり当該専門職の特質(公共性)、当該商慣行が用いられた経緯や理由を分析して違法であるか否かが判断されることとされており、そこに他業界との差異がある［村上，1987：77］。

(42)　しかし、反トラスト政策の強化が（例えば反トラスト刑事訴訟の強化等が）物価を下げるとする考えには多くの批判があり、その批判にはかなりの説得力があった。例えば、［Handler, 1975, Antitrust Myth and Reality in an Infrationary Era, 50 N. Y. U. L. Rev. 211］参照。そして、このインフレと独禁政策の関係については、［林，1989：21―25］参照。

(43)　［表2］参照。

(44)　実際、七〇年代以降科される刑罰はそれ以前と比べてかなり厳しくなってきている。［表3］、［表4］参照。

(45)　事実、七〇年代後半には、一般製造業における価格カルテルは社会からほぼ一掃されたと司法省は報告している［村上，1987：70］。

4　わが国における刑事制裁によるカルテル規制

4章では、3章の米国についての考察を参考にして、わが国において刑事制裁が積極的に活用されうるのかどうかについて検討し、カルテル抑止効果についてみていくことにしたい。

(1)　刑事制裁によるカルテル規制の状況

カルテルは、独占禁止法上の用語としては「不当な取引制限」と呼ばれ、私的独占の禁止および不公正な取引方法の禁止と並んで、独占禁止法による規制の大きな三つの柱のひとつである[松下, 1990b：99]。不当な取引制限は独占禁止法二条六項において定義されており、この定義に該当する不当な取引制限が同法三条後段によって禁止されている。そしてその違反については排除措置命令、課徴金の納付命令といった行政的な規制措置、被害者に対する無過失損害賠償責任といった民事的な規制措置を課すとともに、直罰方式で刑罰を科している。(46)

しかしながらわが国においては、これまでカルテル（独占禁止法違反行為）に対して、ほとんど刑事制裁は使われてこなかったのが現状である。今回、公正取引委員会による刑事制裁の積極的な活用方針が示される以前に、刑事告発が行われたのは石油カルテル事件一件であり、それもオイル・ショックというかなり異常な事態を背景に刑事告発が行われたものであった。方針公表後、最初に告発の対象となった業務用ストレッチフィルムの価格カルテル事件は、石油カルテル事件以来一七年ぶりのものであるが、この事件の告発については、刑事告発についての公正取引委員会の方針が具体的事件のなかで示されたことを率直に歓迎する声の一方で、市場規模が比較的小さかったこと、違反事業者の多くが価格低落のために赤字販売を余儀なくされていたこと、等から告発を疑問視する声も根強く、わが国に対して独占禁止法違反行為に対する刑事制裁の適用を強く求めていた米国向けのスケープゴートとされたのではないか、との指摘すらあった［須網，1993（上）：23］。そしてその後も大規模なカルテル、談合事件が次々と告発されるものとの期待があったようであるが、少なくとも現在までは、必ずしもその期待どおりとはなっていないようである。

(2)　刑事制裁の適用を妨げてきた要因

独占禁止法上、規制手段は刑事制裁だけではない。したがってカルテルを規制するうえで、刑事制裁を発動するまでもなく行政上の処分によってもなんとかその役割を果たしてきたというのであれば、これまでの規制方針（活動）は刑法の謙抑性の観点からは好ましいものであるといえよう。しかしながら、課徴金制度が導入された経緯をみれば、必ずしも排除措置命令等の行政上の処分によって規制効果を上げていたとはいえないであろう。よって制度の前提としては、当然起訴され刑事制裁を受けるべきものがそのように処理されていないと考えるべきであり、刑事的規制それ自体有効に機能しなかったと考えるほうが自然である。以上のことは、課徴金制度導入後にもあてはまるのではないだろうか。

それでは、なぜこれまでカルテル規制に対して刑事制裁が（積極的に）活用されてこなかったのであろうか。

わが国の場合、その主たる要因はカルテルに対する「犯罪意識」の低さであろう。カルテルに対する「犯罪意識」の程度は、その企業が属する社会の「社会的・文化的風土」に依存するということはすでに述べたが、実際、わが国は米国のように独占禁止政策法規が現実の社会的弊害から自生的に派生してきた歴史的経験をもつ国ではなく、米国と比べて独占禁止政策が国民の共通の認識として根ざしているとはいえないであろう。むしろ、通産省による戦後の一貫した市場競争を抑制する介入的政策や、合法的なカルテル促進政策等のカルテル容認政策が、さらに協調的な雰囲気を企業社会にもたらし、このようにカルテルが公的な目標達成のための政策手段として用いられているため、カルテルの経済的・社会的な悪性の認識は低いどころか、社会的に有益なものとさえみられる風潮があるといえるであろう。

このようななかで、訴追機関が実際にカルテルを告発し、起訴することに躊躇したのではないかと考えることはそう難しいことではない。刑事制裁には社会的非難ないし倫理的非難という性格があるので、社会常識としての倫理的非難が成熟しないと実際には発動しにくいのである。
また逆にこれまでほとんど刑事訴追されてこなかったから、国民やビジネス界においてカルテル行為は犯罪であるとの認識がなかったということもいえるであろう。[47] 訴追機関が、これまでカルテル行為を告発し起訴することに躊躇してきた理由としては、前述のように、国民やビジネス界においてカルテルに対する「犯罪意識」がなかった（ないしは極めて低かった）ということと、もう一つの理由として、米国と同様にいかなる場合に刑事告発・訴追するのかについての明確な基準がなかったということも考えられる。[48] つまり処罰の範囲（犯罪類型）が明確ではなかったということである。[49]
そこで次に、刑事制裁の対象となる行為（処罰の範囲）についてみていくことにしよう。

(3)　刑事制裁の対象となる行為（処罰の範囲）と訴追基準

米国では刑事制裁の適用を妨げる主たる要因は、その包括的な条文自体の不明確性故に生じる問題、つまり fair notice の要請が満たされていないことであった。それではわが国の場合はどうであろうか。独占禁止法では不当な取引制限について二条六項に定義規定が存在し、その意味では米国ほど不明確ではない。しかしながら、やはり刑罰法規としては十分に明確であるとはいえないであろう。[50] また、抑止効果の点から考えても（いかなる行為に対して不利益が課されるのか、犯罪意識の対象となる行為はいかなる行為類型かという点から）、やはり明確な処罰の範囲が必要となる。とくにわが国の場合、カルテルに対する犯罪意識が低いということから、いかなる行為が犯罪となるのかを明確に示すこと（犯罪意識の対象となる行為の設定）が必要である。そしてカルテル等の規制対象行為は、通常の経済活動の過程で行われる性質のものであって、合法的な経済活動と一線が画しがたいということがあるため、これらのことはより強調されるであろう。そこで以下、刑事制裁の対象となる行為（処罰の範囲）について考えてみよう。

わが国の独占禁止法において、条文のうえでは、不当な取引制限に該当する行為はすべて刑事制裁の対象となる可能性がある（もちろんその前提として公正取引委員会の検察庁への告発が必要となる）。しかし、すべての行為を犯罪として処罰することは妥当ではないし、また可能でもない。それでは不当な取引制限に該当する行為のうち、いかなる行為が刑事制裁の対象とされるのであろうか。

刑事制裁の対象を限定していこうとする場合、これまで刑法学の立場から主として主張されてきたのは、結果の側面（保護法益）からの限定である。最高裁は不当な取引制限の保護法益については「自由競争経済秩序」とみているのであるが［最判昭和五九年二月二四日刑集三八巻四号一二八七頁］、自由競争経済秩序自体は刑法の保護法益としては観念的形式的にすぎ、その侵害を犯罪として認識することは困難であり、処罰の範囲が必ずしも明確とはなりにくいので、その保護法益をより具体性をもった「消費者の利益［林，1989：33］」あるいは「一般消費者又は企業体の経済利益［芝原，1981：52—54；同，1985：48］」として刑事制裁の対象となる行為を限定していこうとするのである。これは刑事制裁の峻厳性を考慮して、不当な取引制限に該当する行為のうち刑法が伝統的に処罰の対象としてきた実質的被害がともなう場合に刑事制裁を限定していこうとするものであり、また「犯罪意識」という面からみても、このように実質的被害がともなう場合に限定すれば、社会一般にとっても犯罪であるとの認識がえられやすいといえるであろう。したがって刑罰法規の在り方という観点からみれば、このような対応は望ましいものであるといえるであろう。

しかしこのように考えることは、市場支配力の形成自体（一定の行為態様により「公共の利益に反して、一定の取引分野における競争を実質的に制限する」こと）が、結局消費者に不利益をもたらすという見解にもとづき、特定の場合にたまたま消費者に有利となるものを含めて一律にこれを禁止する独占禁止法の基本原理と異質のものを犯罪構成要件に限って認めることになる〔芝原，1986：96〕[51]。したがって独占禁止法の目的にあった解釈とはいえないであろう。

またこのように考えた場合、明確な訴追基準が示しえないことになる。保護法益としての「一般消費者の利益」や「一般消費者又は企業体の経済利益」は、自由競争経済秩序と比べればより具体的であるとはいえるが、それは一義的に解釈できるほど具体性をもっているわけではない。その法益の性質上、いろいろな次元の価値基準から消費者の利益に危険を及ぼさないとして犯罪とならないと判断される場合も起こることが考えられる〔芝原，1986：96〕[52]。

このことは今回、独占禁止法違反行為に対して積極的に刑事制裁を求めて告発を行うとの方針とともに示された、公正取引委員会による告発方針（訴追基準）にもあてはまるであろう。それによると公正取引委員会は、ⓐ一定の取引分野における競争を実質的に制限する価格カルテル、供給量制限カルテル、市場分割協定、入札談合、共同ボイコットその他の違反行為であって、国民生活に広範な影響を及ぼすと考えられる悪質かつ重大な事案、ⓑ違反行為を反復して行っている事業者、業界、排除措置に従わない事業者等に係る違反行為のうち、公正取引委員会の行う行政処分によっては独占禁止法の目的が達成できないと考える事案、については今後積極的に刑事制裁を求めて告発を行う、とのことである［加藤，1992：17］が、ⓐで示された行為類型（これは不当な取引制限に該当するものである）の中でいかなるものが刑事制裁の対象となるのかについては、国民に広範な影響を及ぼすと考えられる悪質かつ重大な事案としか述べられておらず、いかなる基準からこの点について判断するのかについては示されていないのである。このように処罰の範囲を不明確なものとしている理由としては、前述のような刑事制裁の峻厳性についての考慮と、同一の構成要件に対して行政措置と刑事制裁という異なった法的効果を与えているという点が上げられる。

このように刑事制裁の限界を画すものとして、違法なカルテルか否かの基準を立法措置によらずに広く解釈論に委ねることは、それが高度な政策判断をともなう複雑な性質のものであるだけに、たとえ行為者に有利に働くものであっても、かえって事業者等にとって予測可能性を欠く結果を生じる可能性もある［芝原，1986：96］(53)。したがって、カルテル等このような分野の行為を刑事制裁によって規制する場合には、米国のようになるべく行為類型の側面からなされるのが望ましいであろう。[54]

しかし、刑事制裁の対象となる行為は明確でありさえすればよいというものではない。そのような行為について社会常識としての倫理的非難（犯罪であるとの認識）が形成されていなければならないのである。そこで、わが国において米国のように価格協定等の行為を一律に刑法上違法として考えることは妥当であろうか。つまり一定の経済秩序（自由競争経済秩序）の維持という観点から特定の行為を一律に違法とすることは妥当であろうか。

独占禁止法上の刑罰法規としては、そもそも実質的に競争の制限をしておれば、それは重大な法益侵害を引き起こしていると考えるべきなのかもしれない。しかしながら、そのような場合であってもこれまで刑事訴追が行われてこなかった理由の一つは、やはりただ競争を制限するというだけでは刑事制裁を適用するには不十分であると考えられてきたからではないだろうか［林, 1989：33］。この点については公正取引委員会の訴追基準にも現れているように思われる。独占禁止法の立場からは、「自由競争経済秩序」を維持することが経済社会の健全な発展のために不可欠であると説明されるのであるが、わが国においては、必ずしも国民全体の共通認識とはいえない面があるように思われるのである［郷原, 1993（上）：24］（少なくとも刑事制裁によって保護する必要性という意味では）。[55]

またこのように本罪の保護法益を「自由競争経済秩序」として考えた場合、やはり刑罰法規の保護法益としては抽象的にすぎ、それだけでは処罰の限界が必ずしも明確とはなりにくいということが問題となるであろう。[56] そしてこのことは、かかる構成要件に該当する行為のうち実務上現実に訴追される行為類型が先例の蓄積等によってたとえ明確にされたとしても、理論上問題として残るところである［芝原，1986：96］。

米国についての考察を参考にするなら、刑事制裁の積極的な活用には、刑事制裁の対象となる行為類型の明確性（fair noticeの要請）と、それに対する社会常識としての倫理的非難（反社会的なものであるとの認識）が形成されていることが必要である。そうであるなら、現在のわが国において、カルテル規制に対して刑事制裁を積極的に活用していこうとすることは難しいであろうし、現行のまま刑事制裁を積極的に活用していこうとする政策には問題がのこるように思われる。

(46)　独占禁止法におけるサンクション体系については、［舞山，1990］参照。

(47)　［本稿2章］参照。

(48)　とくにわが国の場合、明確な訴追基準がなかったということは、独占禁止法上同一の定義規定に対して行政措置と刑事制裁という異なる法的効果が与えられているということもあって、より一層刑事訴追を妨げてきたと考えられる。つまり、保護法益が自由競争経済秩序という抽象的なものとされており、違法性の限界が必ずしも明確ではないので、刑事制裁には謙抑性の要請が働くということから、明確な訴追基準がなく、同一の定義規定に同時に行政的な規制手段があれば、そちらを積極的に活用し、刑事制裁を活用しようとすることに躊躇したのではないかと考えられるからである。

(49)　また、そのことがビジネス界や国民の間でカルテルが犯罪であるとの認識が薄かったことにも関係していると思われる。
(50)　さらに、明確性の問題のより実質的な側面は、処罰の対象が経済活動であるために、処罰の範囲が不明確なときは、社会的に有益で合法的な経済活動をも萎縮させてしまうのではないかというところにあるが、この側面からみた場合、わが国においても米国と同様の問題があるといえるであろう［林、1989：29］。
(51)　続けて、「確かに立法論として例えば「消費者の利益に対する罪」という犯罪類型を想定し、他の行為類型とともに価格協定等により消費者の利益を害する行為をそれに含ませることは一つの考えであるが、それは独占禁止法違反としての不当な取引制限の枠を超えるものである。」と述べている。また、同様の指摘として、［京藤、1989：112］参照。
(52)　「規制立法において、明確な行動基準が示されていない（もしくは、あいまいな）場合、それに従うことについての混乱とフラストレーションをつくり出す。このことは、次にはその結果として社会構造に生じる否定的な効果（例えば、不信感の創出、社会道徳の低下、法に対する尊重の低下）とともに、不確実性、予測可能性という一般的な雰囲気を募らせる。そして他方、そのような状況に伴うあいまいさ（不明確さ）は、法の利己的な使用を認めることになる［McCormick, 1977：6］。」、このような指摘は訴追基準に関してもそのまま当てはまるであろう。
(53)　続けて、「このような性質の行為の適法性の限界は、法技術的にも原則として法令等によって定められていることが望ましい［芝原、1986：96］。」とされる。
(54)　同様の主張として、［林、1989：31—32］。

(55)　[本稿2章(2)]、[本稿4章(2)] 参照。

(56)　この場合、もちろん事実上訴追されるのは、重大な法益侵害がある場合に限られることになるのかもしれないが、自由競争経済秩序自体はあいまいであり、それにそぐわない行為のすべてに当罰性を認めてしまう危険があることは否定できない。

5　むすびにかえて

本稿では、刑事制裁によるカルテル規制政策について、その抑止効果（カルテル抑止効果）を中心に考察してきた。そこで本章では、以上の考察を要約し、結論と若干の問題点にふれてむすびに代えたい。

カルテルは、組織によってそれを取り巻く環境、つまり課業環境と統制環境との相互作用のなかで選択（形成）される。そしてそのカルテルの動因・促進条件は課業環境のなかで発生するが、このような課業環境に刑事制裁は直接作用することはできない。課業環境を変化させることによるカルテル抑止効果は、排除措置命令等の行政的措置、公正取引委員会・通産省等による産業政策のほうが効果的である。刑事制裁はその運用（訴追・処罰）を通じ、統制環境の状況を変化させることによってカルテル抑止効果をもたらすのであり、それに限定される。具体的には、刑罰を科すことによりカルテルを結ぶことによってえられる効用を減らし、またカルテルに対する犯罪意識を高め、よってカルテル抑止効果をもたらすのである。そしてこのような刑事制裁による抑止効果（一般予防効果）を高めるためには、違反行為に対する確実な訴追・処罰が必要となる。

近時、独占禁止法違反行為に対する抑止力強化のための種々の施策の一環として、その違反行為に対する罰金額の引き上げが行われ、また公正取引委員会によって同法違反行為に対して積極的に刑事制裁の適用を求めていく方針が示されているが、実際にそして確実な訴追が行われなければ、その効果は望めないであろう。わが国においては、これまでカルテルに対して刑事制裁はほとんど適用されてこなかった。また最近では、米国との関係等から刑事制裁の活用が行われる機運にあるが、これが永続的なものであるか否かは未知数である。しかし刑事制裁、つまり訴追・処罰という行為が長期にわたって存在しない場合、またはそれが不規則に行われる場合、「犯罪意識」は中和化され、希薄化する。つまりカルテル抑止効果はもたらされない。

米国の場合、七〇年代以降実際に刑事制裁が積極的に活用され、そしてそれが定着している。しかし、米国においても以前はそれほど積極的には活用されてはいなかった。カルテル規制に刑事制裁が積極的に活用されるようになった要因として重要なのは、その包括的な構成要件に由来する不明確性を減らし、fair notice の要請を満たしたということである。その際には司法省（反トラスト局）の訴追基準が重要な役割を果たしている。つまり、訴追（刑事制裁）の対象となる行為を絞り込み、それを訴追基準として示すことによって、fair notice の要請に対処し、そしてこのことが運用面での実効性、要するに刑事制裁の積極的な活用を促進したとみることができる。司法省（反トラスト局）は fair notice の要請を満たすことによって自信をもって訴追を行うようになったのである。運用面でのこのような訴追基準の重要性は明らかである。またこのような訴追基準は、経済活動を行う者にとっても明確な指針となるのであり、この点がこの分野を規制する法律にとってはとくに重要であると思われる。

また、刑事制裁には社会的非難ないし倫理的非難という性格があるので、社会常識としての倫理的非難（反社会的なものであるとの認識）が形成されていなければ実際には発動されにくい。この点について米国では、カルテルは社会的に有害であり危険であるとの認識が共通のコンセンサスとして存在し、カルテルは犯罪であるとの認識が形成されている。そして七〇年代以降、政府による規制の撤廃・緩和にともない、カルテル規制の適用範囲は拡大され、金融／運輸／通信業界等もカルテル規制の対象領域に入ってきた。このことは産業全体がカルテル規制の対象になることを意味し、米国ではほぼすべての分野でカルテルは禁止されているということである。したがってこのような状況は、当時米国をおそった深刻なインフレとともにカルテルは反社会的なものであるとの認識を定着させ、より高める方向で作用していると思われる。そしてこのことが、一方でカルテルに対する刑事制裁の発動を促進したといえるであろう。(57) つまり抑止効果の必要性だけを根拠としているのではなく、規制対象行為（カルテル）に対する反社会的なものであるとの認識の高まりがその前提となっているのである。

米国では、このようななかで刑事制裁によるカルテル規制をおこなっていったのであるが、その抑止効果を分析するなら次のようなことがいえるであろう。前述のベイカーの方針に示されるように、一般に司法省ではその競争促進的効果を顧慮することなく当然違法とされる違反行為類型（価格カルテル／市場分割協定）について、その違法性が明白な場合には刑事事件として処理する方針をとっている。つまり一定の限られた行為類型については必ず刑事訴追を行うのであり、科される刑罰はかなり重い[58]。そして七〇年代以降のカルテル規制適用範囲の拡大、インフレといった要因とともに、カルテルに対する「犯罪意識」はかなり高い。したがって米国での刑事制裁によるカルテル規制は、「カルテルによる効用」、「犯罪意識」の両面からカルテル・マインドは弱められるのであり、抑止効果は大きいといえる。また前述のように功利主義的観点からみても、このようなカルテル規制は効果的であるといえる。

刑事制裁によるカルテル抑止効果を高めるためには確実な刑事訴追が必要であり、確実な訴追が実現されるためには行為類型（訴追基準）の明確化と、それに対する社会的なコンセンサス（犯罪であるとの認識）が必要となる。そしてカルテルに対する意識は、その国の文化（社会的背景）と産業政策とに強く依存する。また社会的に「犯罪意識」が形成されるには、その対象となる行為が明確である必要がある。

4章で考察したように、現在のわが国においてその条件を満たすことは難しいであろう。したがってカルテル規制における刑事制裁の積極的な活用は行われにくいであろうし、独占禁止政策の実現という観点から刑事制裁に期待されるカルテル抑止効果はそれほど望めないのではないだろうか。(59)

近年独占禁止法は国際的に強化される傾向にあり、わが国においてもその傾向をみることができる。(60)たしかにわが国の場合、独占禁止政策は経済の民主化と消費者の保護という観点からすれば不十分であり、その改善策を推進することは必要であるといえる。しかし、それが刑事制裁の強化によってのみ果たされるとみるのは短絡的であろう［中山，1994：104］。わが国の場合、独占禁止法において課徴金制度と刑事制裁が並列する制度となっているため、現状のままその運用を強化しようとする場合、課徴金の引き上げは憲法に定める二重処罰の禁止との関係で限界があり、そのために刑罰の引き上げとその積極的な活用に期待されているように思われるのであるが、これまで述べてきたようにわが国の現状においてはその期待にこたえることはできないであろう。独占禁止法は競争の維持により国民経済の福祉を推進することを目的とする法であり、「競争政策の法」である。つまり、競争機能の社会的有用性に着目して、できるだけ「市場機構」の維持を図ろうとするものである［松下b，1990：38］。したがって、犯罪を摘発することがその直接の目的ではないのであるから、罰則を含めてその法制度をどのようにすればよいかということについては、市場機構の維持という点からどのような制度が適切かというレベルでの検討が必要であるように思われる。そうであるならば、刑事制裁に固執することなく、実際にわが国において活発に運用され機能している課徴金制度を中心に現行制度を再検討し(61)、根本的な改革をめざしていくべきではないだろうか(62)。

(57)　カルテル規制の適用範囲が拡大されたということは、統制機関が直接課業環境を変化させ、よってそのことが犯罪意識を高める方向へ作用したと解釈できるであろう。
(58)　［表3］、［表4］参照。一九八〇年代の刑罰の執行状況については、［表5］参照。
(59)　以上の考察からこのように結論づけることは、仮説の域を出るものではない。しかし現行のまま刑事制裁を積極的に活用していこうとする政策には問題が残るのであり、少なくとも今後カルテル規制において刑事制裁を積極的に活用するにあたっては、以上の点は注意すべきであると思われる。
(60)　しかしながら、米国やECと異なり、わが国の場合自発的にというよりも、たぶんに外からの圧力によるところが大きいといえるであろう。したがって、国内の事情とその独占禁止政策の理念とのずれが、刑事制裁が積極的に活用されていないというところに現れているように思われる。
(61)　課徴金制度については、［川井，1986］、［和田，1987］、［野口，1994］参照。
(62)　もちろん、課徴金制度によるカルテル規制についても、刑事制裁と同様に規制対象行為の明確性と確実な規制がその抑止効果の点から要求される。また、その抑止効果を分析するなら、刑事制裁の抑止効果として2章で述べたⓐの機能が期待できる。そして、確実に課徴金が課されることによってカルテルは割に合わないものであるとの認識をビジネス界に定着させる方向での抑止効果が期待できるであろう。したがってこの方向で考えていくなら、課される課徴金の額についてはカルテル抑止効果として実効性が得られるに十分な額に設定される必要がある。

第二部　カルテル規制における規制当局の行動

1　はじめに

企業犯罪等、企業活動のコントロールをテーマとする研究においては、企業活動に対する規制・制裁が不十分であるとの漠然とした認識のもとに、その実効性確保のため種々の考察が行われている。しかし、なぜそのように不十分な規制となっているのか、また、実際にどのように規制が行われているのかといった法執行の側面については、必ずしも十分な考察がなされているとはいえないように思われる。

そこで本稿では、カルテル規制政策を取り上げ、規制当局（公正取引委員会）の行動に注目しながら、わが国におけるカルテル規制政策がどのように展開されているのかについて、その法執行の側面から考察してみたい。(1) そしてその際には、組織（公正取引委員会）を分析単位とし、とくにカルテル規制政策の実施にかかるコストに焦点をあてることにする。[2]

以下では、まずカルテル規制政策の枠組について概観する(2章)。そこでは、法的な枠組みと予算・人員による制約のなかで、公正取引委員会のとりうるカルテル規制政策の活動方針についてみていく。次に、そこでの活動方針とカルテルに関する市場構造要因とを結びつけて、公正取引委員会のカルテル規制政策における摘発のバイアスについて検討する(3章)。そしてそれを基に、わが国におけるカルテルの動向とそれに対する公正取引委員会の行動を審決数を通してみていきながら、カルテル規制政策の実態を考察し(4章)、あわせて以下のことについて述べることとする。

数年前に、公正取引委員会はカルテル規制政策において刑事制裁を積極的に活用していくとの方針を示したわけであるが、それ以後刑事制裁が積極的に活用されているわけではない。これまで方針転換以後、刑事制裁が適用された事例についても規模の小さな事件に限られ、それに対する批判もみられるようである。そこでこれまでの考察をふまえて、なぜ刑事制裁があまり積極的に活用されないのか、もしくは適用されたとしても規模の小さな事例に限られるのか、という点を説明するモデルを示してみたい。

(1)　本稿で「カルテル規制」を取り上げる理由は、カルテルはサザランド以来、企業犯罪の典型例であるといわれているということと、近年わが国においてその規制の強化が叫ばれ、とくにその積極的な運用がなされるか否かが注目されているということによる。また、カルテル規制は企業活動を規制する独占禁止法において中心的なものであり、その運用においても全審決数の約七割を占めている。

（2）　しかし、「公正取引委員会の行動」をよりマクロに分析するなら、それは規制当局（公正取引委員会）と被規制者（企業）との相互作用や文化的背景に規定されているということと、これらを含めた規制をめぐるpolitics的状況を無視することはできない。また逆に、よりミクロに個人を分析単位として分析することも重要であるが、本稿ではその対象を規制当局に限定して考察を進めることにし、以上は今後の課題としたい。

2　カルテル規制政策の枠組み

本章では、カルテル規制政策の枠組みについてみていくことにする。ここでカルテル規制政策というのは、主として、違法なカルテルを「摘発」し、これに何らかの「法的措置（負のサンクション）」を課すことを指す。一般に、このような「政策」は法律と予算によって枠づけられるのであるが、まず⑴で、カルテル規制政策の法的な枠組みについて概観し、次いで⑵で、予算・人員による制約内でのカルテル規制政策の活動方針について検討する。

(1)　カルテル規制における法的手段と公正取引委員会

ここでは、カルテル規制における独占禁止法上の法的手段・手続と、その主たる担い手である公正取引委員会について概観する。

カルテルとは、企業が、価格／産出量／投資量に関してこれを決定し、その遵守を約する協定であり、企業の競争を回避するための典型的な手段である。そして、このようなカルテルについては多くの国でこれを違法としてカルテル規制政策がとられている。わが国においてもこのことは例外ではなく、カルテルは主として独占禁止法によって規制される。

カルテルは独占禁止法上の用語としては「不当な取引制限」と呼ばれ、私的独占の禁止および不公正な取引方法の禁止と並んで、独占禁止法による規制の大きな三つの柱の一つである。独占禁止法において「不当な取引制限」は二条六項に定義されており、この定義に該当するカルテルが三条後段によって禁止される。そしてその違反については排除措置命令／課徴金の納付命令といった行政的な規制措置／被害者に対する無過失損害賠償責任といった民事的な措置／および直罰方式で刑罰が予定されている。

このように、行政的措置／民事的措置／刑事的措置が独占禁止法において予定されているのであるが、その主たる担い手となるのが公正取引委員会である。公正取引委員会は独占禁止法の施行のために設けられた審査・審判機能を有する専門機関であり、職権行使の独立性が保障された行政委員会である。公正取引委員会は、委員長および委員の任命[3]、予算、審決に対する司法審査等、一定の制約はあるものの、(いったん委員長および委員が任命され、予算が決定されれば、)違反事件の調査/審判開始決定等について完全に独立の意思決定の権限があり、上級機関の指揮監督を受けることはない(二七条二項・二八条)[松下，1986：196]。そして、独占禁止法は違反事件の処理手続に関して原則として職権主義の形をとっており、公正取引委員会が独占禁止法の施行をほぼ専属的に行っている。

例えば、わが国では米国のように司法省反トラスト局といった競合する政府機関はなく、私人に排除措置を求めて直接裁判所に提訴する権限も与えられていない。また、公正取引委員会の活動の端緒についてこれを私人の手によって開く制度を設けてはいるものの(四五条一項)、その具体的請求権が認められているわけではない[4]。また、私人は独占禁止法違反を行った違反者に対し損害賠償請求権を認められているが、現在までその請求が認められた事例はほとんどなく、その件数もきわめて少ない。したがってわが国では、私人は独占禁止法の施行において大きな役割を果たしているとはいえない。検察庁も、主要な独占禁止法違反については刑罰が規定されているが、公正取引委員会がその専属告発権を有し、公正取引委員会は刑事告発に消極的であることから、いまのところ独占禁止法の施行において重要な役割を果たしているとはいえない[村上，1991(上)：85]。そこで以下では、実際に独占禁止法の運用において中心的な規制措置である排除措置を命じる手続を中心にみていくことにする。

公正取引委員会は独占禁止法違反行為について、審査・審判・審決という手続を経て、当該違反行為を排除するための排除措置を命ずる権限を与えられている［松下，1986：197］。

審査は、独占禁止法違反が行われたかどうかの調査であり、これの結果、審判を開始すべきか否かが決定される。その端緒としては、一般人からの申告（四五条一項）、検事総長の通知（七四条）、公正取引委員会の職権による調査開始（四五条四項）がある。違反がないことになると、公正取引委員会は事件を不問処分にする。[5] 違反の容疑がある場合には、公正取引委員会は当該違反容疑事実について、行為者に対して勧告を発しまたは審判開始決定をする［松下，1986：197］。そして独占禁止法違反行為に対しては、審決により排除措置（七条・八条の二・一七条の二等）が命じられる。審決は準司法的手続である審判手続を経て命じられるのが本来の形であるが、機動的な法の運用を達成するため、相手方が勧告を応諾した場合の勧告審決および審判開始決定後の被審人の申出による同意審決という簡易な手続が定められている。運用の実際では勧告審決が大部分で、これがこれまでの法の運用措置の中心となっている［実方，1995：418］。[6]

なお公正取引委員会は、当初から勧告審決が相当であると思慮する事件については、立入検査等の強制審査を行い、そして（証拠上・法解釈上）独占禁止法違反を確実に立証できる事件についてのみ勧告を行うという慎重な法運用を行っている［村上，1996：464］。[7]

以上が違反事件の処理手続に関しての大まかなながれであるが、ここで重要なのは、公正取引委員

会に与えられたかなり広範な裁量についてである。(8)

違反手続における裁量は次の三つに分けることができる。一つは規制対象についての裁量、つまりどのような事件を取り上げるのか、もしくはどのような産業分野を重点的に調査するのかについての裁量である（審査活動の対象にするかどうかの裁量（事件・調査分野の選択））。そしてもう一つは、法を適用するか否か、つまり法を適用するのかそれとも不問処分として処理するのかについての裁量である。(9)そして最後は、法を適用する場合にいずれの法的手段を適用するのかについての裁量である。(10)

以下では、このような枠組みのなかでカルテル規制政策がどのように行われるのかについて、主として規制対象についての裁量を中心にみていくことにする。

(2)　公正取引委員会の活動方針（規制当局の行動モデル）

前節でみたように、カルテル規制政策の実施にあたって、公正取引委員会には広範な裁量が与えられているのであるが、このようななかでカルテル規制政策はどのように行われるのであろうか。本節では、この点について公正取引委員会の活動方針を中心に考えてみたい。

公正取引委員会の活動方針については二段階に分けて考えることができる。一つはカルテル規制政策全体の活動量についての方針である。これはカルテル規制政策を強化するのか否かというように、公正取引委員会としてどの程度カルテル規制政策に取り組むのかについてのものであり、公正取引委員会のカルテル規制政策に対する「姿勢」についての方針である。そこで本稿では、このような方針を「公正取引委員会の活動姿勢」と呼ぶことにする。この「公正取引委員会の活動姿勢」に作用する要因としては、世論／マスコミ／産業界等、外部からの「圧力」が考えられるであろう。

そして次に、このような「公正取引委員会の活動姿勢」を前提として、そのなかでどのようにカルテル規制政策を行っていくのかについての方針がある。この後者の方針が本稿でいう「公正取引委員会の活動方針」である。それでは、この「公正取引委員会の活動方針」についてみていくことにしよう。

一般にカルテル規制政策は、競争政策の観点から違法なカルテルの効果的な抑止をその目的としている。そこでこのような目的が達成されるためには、カルテルを確実に摘発し、これに対して何らかの法的措置（負のサンクション）を課していく必要があろう。そしてより確実に摘発されれば、それに応じてより一層の規制効果が期待できるものと思われる。

しかし規制対象の規模（範囲）を考えるなら、実際にすべてのカルテルを摘発することは不可能であろう。政策を実施する規制当局は、一定の予算・人員の制約の下で行動しているからである。[11] したがってカルテル規制政策がどのように行われるかは、その効果のみに基づくのではなく、政策の実施に伴うコストの大きさにも依存することになる。[12]

そこで、政策の実施に伴うコストについてみてみよう。ここで政策の実施にかかるコストを、主としてカルテルの摘発とその立証に要するコストとして考えるなら、これは、カルテルの探知とそれを立証するに足る証拠を収集することの難易に規定されるであろう。いま、このようなカルテルの探知とその立証の難易をカルテルのビズィビリティ（visibility）とし、予算・人員が一定であるとするなら、カルテル規制政策の活動方針は、このカルテルのビズィビリティによって規定されると考えることができる。

このビズィビリティという概念は、［横倉, 1975］、［横倉, 1977］によるものであるが、本稿ではとくに、ビズィビリティによって政策実施コストが規定されるという側面に注目したい。つまり、ビズィビリティの高いカルテルは、カルテルの探知とそれを立証するに足る証拠の収集が容易であり、それ故、その摘発にかかるコストが小さいものと考える。したがって予算・人員が一定であるとするなら、全体としてビズィビリティの高いカルテルを中心に摘発を行えば、「カルテル件数」[13]は増加し、ビズィビリティの低いカルテルを中心に摘発を行えば、「カルテル件数」は減少すると考えることができる。[14]

一般に、規制対象の規模（範囲）と比べて、規制当局が動員できる人的・組織的資源は限られており、また前述のように規制政策のあり方は法的な枠組みによって制約されている。このような状況で規制当局が考慮するのは、法的な枠組みのなかで限られた資源をできるだけ効率的に用い、全体として最大限の規制効果をあげることである。[15] その場合、すべての規制対象に対して、法が定める対応（例えば、排除措置命令）を一律平等に行うことは必ずしも考慮されないであろう。現実にすべての違反行

2　カルテル規制政策の枠組み

為を完全に規制することがきわめて困難である以上、重要なことは、一定の任務を与えられた規制当局がその任務をもっとも効果的に遂行するために規制政策に用いることのできる様々な行政資源をどのように配分し、いかなる方法を選択するかという規制政策の「活動方針」に関する裁量である［森田，1995：23］(16)。

ここで、実際に公正取引委員会がどのような方針に従って行動しているかは明らかではないが、予算・人員等に制約が存在する状況では、カルテル規制政策に関して次の二つの活動方針が考えられるであろう。一つはビズィビリティの高いカルテル、すなわちその探知・立証が容易なカルテルの摘発を中心に行うというものであり、もう一つはビズィビリティの低いカルテル、すなわちその探知・立証が困難なカルテルの摘発を中心に行うというものである。

いま、カルテルの摘発によるベネフィットを摘発がなかったなら持続するであろうカルテルに伴う損害額（資源配分上の損失額および消費者から生産者への所得の移転額）として捉えれば、ビズィビリティの高いカルテルは、政策の実施にかかるコストが小さく、それによるベネフィットが小さいカルテルであり、ビズィビリティの低いカルテルは、政策の実施にかかるコストが大きく、それによるベネフィットが大きいカルテルであると考えられる(17)。したがって、前者は「低コスト・低ベネフィット型のカルテル規制政策」を意味し、後者は「高コスト・高ベネフィット型のカルテル規制政策」を意味しているわけである(18)。

規制当局は、ビズィビリティの高いカルテルの摘発を中心とする「低コスト・低ベネフィット型のカルテル規制政策」をとるかもしれないし、ビズィビリティの低いカルテルの摘発を中心とする「高コスト・高ベネフィット型のカルテル規制政策」をとるかもしれない。しかしながら一般に、規制当局が摘発件数の最大化(「件数主義」)をその目標としている場合、規制当局は「低コスト・低ベネフィット型のカルテル規制政策」をとると考えることができるだろう。

以上、政策の実施にかかるコストを中心に公正取引委員会の活動方針についてみてきたわけであるが、ここにいう政策の実施にかかるコストとそれによるベネフィットは、市場構造要因によって規定されると考えることができる。そこで次章では、カルテルと市場構造要因との関係についてみていくことにする。

(3)　委員会は委員長一名と委員四名より構成されるが、委員長および委員は内閣総理大臣が両院の同意を得て任命する(二九条)。委員長および委員の任期は五年であって(三〇条)、任期中は法定の欠格事由に該当する場合を除いてその意に反して解任されることはない(三一条)。

(4)　一般人からの独占禁止法違反行為に対する申告があるときには、公正取引委員会は当該事件について調査をしなければならないが、審判開始等法的手続を開始する義務はない[エビス食品企業組合不作為違法確認請求事件(最高裁昭和四七年一一月一六日第一小法廷判決、民集二六巻九号一五七三頁)]。

(5)　違反行為があっても、公正取引委員会が事実上の警告を発し、行為者が自発的に違反行為を廃棄した場合には不問処分とすることも多く行われている［実方，1995：419］。

(6) 公正取引委員会の勧告に対し当該事業者が勧告を応諾しない場合には、審判開始決定により審判手続が開始される。審判開始決定は、通常、勧告不応諾の場合にそれに引き続いて行われるが、勧告をしないで直ちに審判を開始してもよく、独占的状態に対する措置の場合には勧告制度は適用されない。

(7) したがって、審決等に現れた事件（データ）は、規制当局の、カルテルを立証するに足る十分に強力な証拠のある事件についての、調査結果を示しているといえる。

(8) 独占禁止法を含めたいわゆる「保護的規制立法」の特徴は、単に企業活動を規制する一般的な法規範を立法によって定立する（そしてその適用を裁判所に委ねる）に止まるのではなく、立法によって特定の政策目標やその達成のための基本的な法的枠組みを規定すると同時に、その法の実施のために特定の行政機関（規制当局）にかなり広範な任務とそのための様々な権限（法的手段）が与えられているということである［六本，1991：28］。そして、その実施にあたってはかなりの裁量の幅があり、その裁量によって権限を活用しその目的の達成を図るものとされているということである。

(9) 法的措置（勧告または、審判開始決定）がとられる以外の事件は、警告／注意／打ち切りという処分がとられる。このうち、注意／打ち切りは、はじめから違反行為がなかった、違反行為があったが審査終了時までにすでになくなっていた場合にとられる処分である。これに対して、警告は、事件審査の結果、独占禁止法違反の疑いが認められる場合に、相手方に是正措置をとらせて事件を終了させるという処分である［村上，1996：463］。このような警告処分がとられる場合としては、ⓐ競争に与える影響という観点からみて事件が軽微である場合、ⓑ独占禁止法違反を認定するに足る証拠を収集できなかった場合（証拠不十分）、ⓒ事実認定上の問題はないが、その行為の法的判断が困難な場合、の三つがある

［村上，1996：464］。
(10)　これは、同一の定義規定に複数の法的効果が規定されていることによる。
(11)　この規制（摘発）活動の有効性を規定する最大の要因は規制当局の職員数（人員）である［西尾，1993：181］。
(12)　規制当局が、ある産業におけるカルテル摘発に成功する確率は、カルテルの存在を探知することが容易であり、摘発に投入される予算・人員が大きく、認定が容易となるほど、大きいといえる［横倉，1977：10］。
(13)　ここでいう「カルテル件数」は、いうまでもなく現実に存在するカルテル件数ではなく、摘発を通じて審決にあらわれたカルテルの件数である。
(14)　また、ビズィビリティという概念はカルテルの探知とその立証という二要素によって構成されているが、「法的措置を課す」という点から考えた場合、とくに、カルテルの存在を立証するに足る証拠を収集することの難易という側面がより重要であると思われる。というのも、政策実施コストはビズィビリティの二要素にしたがって、カルテルの存在の探知のみに必要なコストと、その結果を少なくとも勧告にする（法的措置を課すためにその存在を立証する）のに必要な付加的コストの二つに分けることができるが、わが国の慎重な法運用を考えた場合、摘発にあたっては後者の比重がかなり高いと考えられるからである。例えば、カルテルの存在を探知したとしても、その事件（つまり、その存在の立証）にどこまで行政資源をさくのかといった判断があると思われるからである。実際、審査の結果独占禁止法違反の疑いが認められてもそれを立証するに足る証拠が収集できなかった場合（証拠不十分）には、警告という処分（法的措置ではない）がとられるが、この警告処分が多用される原因としてわが国の慎重な法運用が指摘されているのである［村上，1996：463］。

(15)　ここでいう「規制効果」をどのように捉えるか、またどのように評価するかは、非常に難しい問題である。そして、それを規制当局がどのように考えるかによって、活動方針も異なってくるものと思われる。例えば、規制当局はカルテルによる実質的な（競争政策上の）弊害を最小にすることを目標と考えるかもしれないし、それとも、単に違反事件数を最小にすること（摘発件数の最大化）をその目標と考えるかもしれない。そして、前者の場合「規制効果」の測定はかなり困難であるが、後者の場合「規制効果」は「件数」だけから評価でき容易であるといえる。したがって、本来の目標は前者であるが、現実には後者によってその効果が測定される傾向があると考えることができる。本稿では、「規制効果」をさしあたり後述する「カルテル摘発によるベネフィット」と考えることにし、こういった問題について考えてみたい。

(16)　このような裁量行為についての考察はこれまで非常に少ないようであるが、この種の裁量行為が、実質的に、その領域の社会のあり方に重大な影響を与えるといっても過言ではない。それをいかにして統制するかは、したがって、非常に重要な問題である［森田，1995：28］。

(17)　このようなビズィビリティとベネフィットの関係については、3の(2)で、より詳しくみていくことにする。

(18)　このように、ビズィビリティによって活動方針を分類する考え方は、［横倉，1975］、［横倉，1977］に準拠している。

3　カルテル形成要因と摘発要因

本章では、カルテルについての実証研究（主として、[Asch & Seneca, 1976]、[Hay & Kelly, 1974]、[細川, 1979]、[Jamieson, 1974]、[Posner, 1970]、[Scott, 1989]、[Simpson, 1986]、[横倉, 1975]、[横倉, 1977]）を手がかりに、カルテル形成要因について考察し、さらに摘発を促した要因（規制当局にとって摘発を行いやすい要因）へと議論をすすめたい。

(1)　カルテル形成要因

ここで、カルテルがどのような状況で形成されるのかについて、市場構造要因を中心にみていくことにする。

まず、カルテルはどのようなときに指向されるのであろうか。つまりその「誘因」は何であろうか。一般に、当該企業の業績の低下（利潤の低下）(19)や、当該企業の存する課業環境における不確実性の増大(20)が、カルテル形成への誘因としてあげられる。(21)これらはいずれも、景気の変動や産業のライフ・サイクルといった経済的な要因に関係している。実際カルテルは、各企業の収益率が低下するのが通例である不況期に多く形成されてきた[植草, 1982：186]。

図1　カルテル形成要因

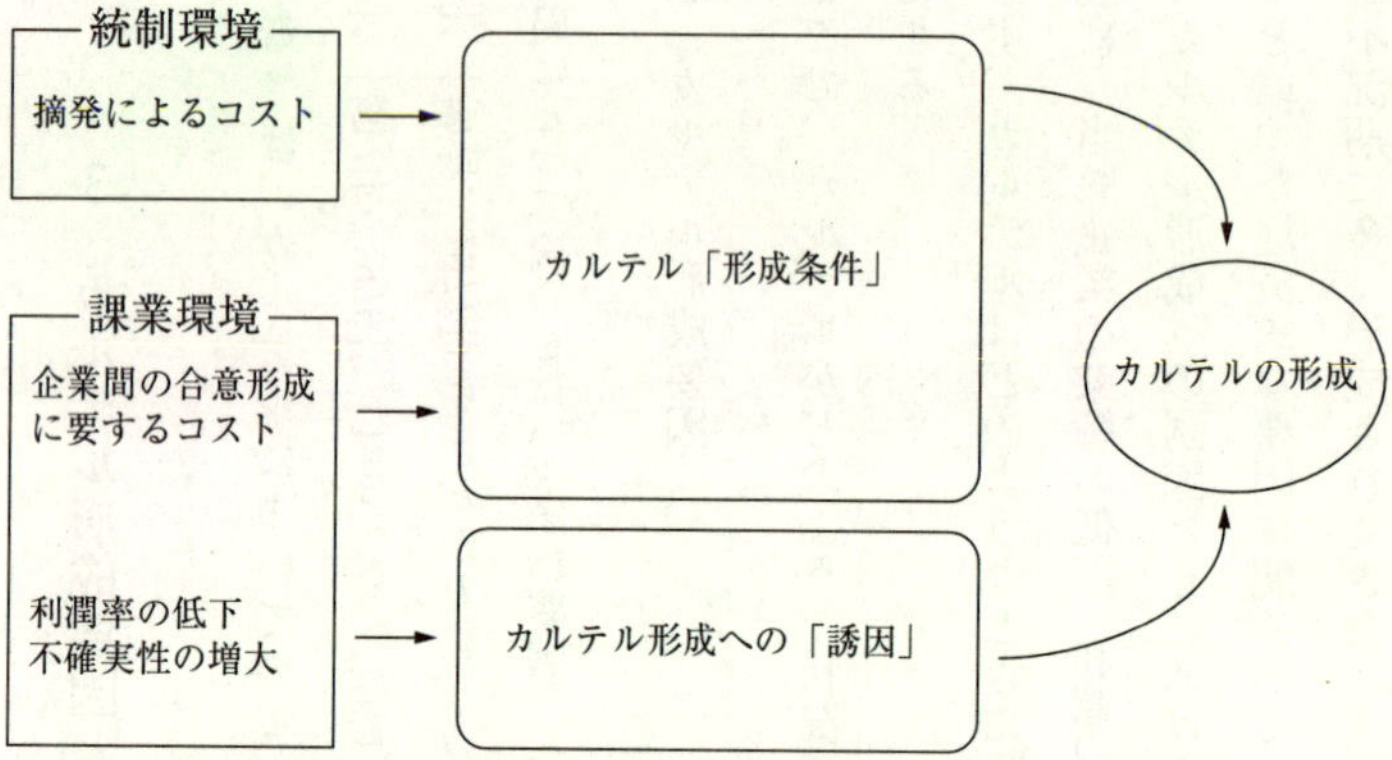

① カルテル形成への「誘因」
　　＝利潤率(業績)の低下，不確実性の増大

② カルテル「形成条件」(＝カルテル形成のコスト)

　(a) 摘発によるコスト（摘発の頻度・制裁措置の厳しさの程度）

　(b) 企業間の合意形成に要するコスト（利害の調整とカルテルの実行・維持に必要なコスト）

しかしカルテル形成への誘因が生じた場合、直ちにカルテルが形成されるわけではない。カルテルを形成するにはカルテル参加企業間での利害の調整（企業間の合意の形成）が必要となる。これが、カルテル形成のコスト（「形成条件」）である。[22] そしてカルテルの形成・存続が容易であるか否かは、カルテル形成のコストに依存するといえる。ふつう、カルテル形成のコストが小さければ、カルテルの形成とその維持は容易になると考えられる。それでは、カルテル形成のコストはどのような要因に規定されるのであろうか。

一般に、カルテル形成のコストを規定する要因として、ⓐ参加企業数（および当該市場における企業数）、ⓑ集中度、ⓒ製品の同質性、ⓓ市場シェア、ⓔ需要の弾力性、ⓕ参入制限の程度があげられる。また、カルテル・リーダー（カルテル実行組織・事業者団体）の存否、カルテルの経験も重要な要因として考えられる。[23] 理論的には、カルテル参加企業が少なく、高集中度市場であり、製品（商品）が同質的で、需要の弾力性が低く、シェアが均等で、参入が制限されていればいるほど、カルテル形成のコストは低く、したがってカルテルの形成とその維持は容易となると考えることができる。

例えば参加企業数が少なければ少ないほど、最適価格等についての見解の相違が生じにくいであろうから、利害の調整は容易であろう。[24] そして、高集中度市場における企業は明示のカルテルを必要とせず、暗黙の協定もしくは意識的並行行為に頼ることができるとよくいわれる。[25] またそうでなくても、寡占的市場を特徴づける高度の相互依存性によって当然に協調的な行為に導かれるとも考えられる

[Hay & Kelly, 1974][26]。要するに少数の企業による高集中度市場は、共謀に至らせそしてそれを維持するコミュニケーションと能力を助長すると考えられるのである[Scott, 1989：562]。また製品構成の企業間格差は、調整すべき事柄の数を増やすことによってカルテルをより難しくする。したがって、製品が同質的であればそれだけ調整は容易となるといえる。それに対して、例えば技術的な変化が激しい産業では、急速な変化のない産業におけると同様の頻度でカルテルがみられるということはないであろう［Hay & Kelly, 1974]。

それでは、これらの要因に関する統計的な結果をみてみよう。

まず、ⓐ企業数については、[Hay & Kelly, 1974]、[横倉, 1975］によって、企業数が少ないときにカルテルが形成されやすいことが示されている。ⓑ集中度については、[Hay & Kelly, 1974]、[横倉, 1977][27]が、集中度が高い場合にカルテルが形成されやすいことを示している。ⓒ製品の同質性については、[Asch & Seneca, 1976]、[Hay & Kelly, 1974]、[横倉, 1977］が、その関連性を示している。ⓓ市場シェアについては、[横倉, 1977][28]が、ⓔ需要の弾力性については、[Hay & Kelly, 1974］が、そして、ⓕ参入制限の程度については、[横倉, 1977][29]が、それぞれその関連性を示している。

しかしながら、ⓐについては、[Asch & Seneca, 1976]、[畬川, 1979][30]が、そしてⓑについては、[Asch & Seneca, 1976]、[畬川, 1979]、[Posner, 1970]、[Scott, 1989］が、それとは逆の結果を示している。

このように、同じ要因について異なる結果が示されていることを、どのように評価すればいいのだろうか。例えば、カルテル形成への誘因である業績（利潤率）の低下について言えば、企業は自分たちの業績（利潤率）を上げるためにカルテルを実行すると考えることは、それなりに合理性があるであろう。しかし、[Asch & Seneca, 1976] 等に示されるように、カルテルを実行した場合の企業の利潤率は相対的に低い。これはどういうことなのだろうか。[Asch & Seneca, 1976] による次のような指摘は、この点をうまく説明しているように思われる。「反トラスト法違法に対する訴追は、失敗して、露見したものに大部分集中しているのかもしれない。真にうまくいっているものはほとんど発見されないままであろう。したがって、観察された関係は、法の執行におけるバイアスを反映しているのかもしれない [Asch & Seneca, 1976：8]」。また、高度の独立性と共謀（カルテル）の成功を妨げるような障害が少ない（つまり利害の調整が容易である）ことを考えると、理論的には、寡占もしくは高度集中産業にはカルテルが多くみられると予想される。にもかかわらず、なぜ多くの研究が集中度の高い産業とカルテルの存在との関係（正の相関）を発見できなかったか、もしくは真の相関が見られても弱いものであったか、は同じような理由によるものと考えられる [Jamieson, 1994：49]。

すなわち、有効なカルテルはビズィビリティが低く、摘発を免れている（データにサンプルとして現れない）という可能性である。(31) 例えば、厳しい課業環境では、カルテル形成のコストが大きくとも、カルテルを形成することが自分たちの利潤をあげる唯一の手段であるかもしれない [Hay & Kelly, 1974：17]。したがってそのような場合、カルテル形成の条件が十分でなくても（つまりカルテル形成のコストが大きくても）カルテルが指向されるのである。そしてそのようなカルテルは露見しやすく摘発されやすいと考えられるのである。要するに、極端なことをいえば、カルテルはどのような状況においても形成されるのであり、ただその形成のコストが大きいか小さいかによってその成果（つまり摘発されるか否か）が異なるということかもしれない。

それでは、この摘発されやすいカルテルとはどのようなものであろうか。それを次にみていくことにしよう。

(2)　カルテル摘発要因

摘発の容易なカルテルとはどのようなものであろうか。いうまでもなく、その探知と立証が容易なカルテルがそれであろう。つまり、ビズィビリティの高いカルテル（その摘発にかかるコストが小さいカルテル）のことである。では、このビズィビリティの高いカルテルとはどのようなものであろうか。それを市場構造要因を中心にみてみよう。

カルテルはふつう違法な行為であるので秘密裡に行われる。したがってそれは、規制当局に探知され、そしてその存在の立証が可能である場合にのみ摘発されるということができる。[32] では、規制当局はカルテルをどのように探知し、それを立証する証拠を収集するのであろうか。[33]

まず、カルテルの存在の探知にあたっては、たいていの場合、規制当局の外からの情報がその主要

な端緒となる [Scott, 1989 : 559][34]。そしてそれは、主として、被害を受けた企業・消費者、カルテルからの離脱者・もしくはカルテル参加企業内の不満のある従業員によるものである [Scott, 1989 : 573]。

そして、探知したカルテルを立証する証拠については、競争者、なかでもとくにカルテルからの離脱者から提供されたものによっている[Scott, 1989 : 559]。カルテルのもっとも直接の被害者は消費者であるが、その共謀に関するもっとも有益な情報（証拠）は競争者（とくに共謀からの離脱者）から提供されるのである [Scott, 1989 : 573]。これはその行為の性格のためである。たいていのストリート・クライムの場合、証言を通じてその事件を再構成することができるような被害者や証人がいるが、カルテルによる被害者は、その行為を目撃していないし、直接の証拠よりも疑いや状況的な証拠しか述べることができないからである。それに対して競争者は、その違法行為にもっとも近いところにおり、共謀の証拠についてよりよく述べることができ、規制当局にその私企業世界へのアクセスを提供することができるのである [Scott, 1989 : 578]。そして、共謀（カルテル）の事実は、共謀参加者の一人が離脱したとき、もしくは不満のある従業員が規制当局に情報を流したときに、ふつうもっとも立証が容易となると考えられる [Posner, 1970 : 410]。

このように、カルテルの探知・立証にあたっては、カルテルからの離脱者によるところが大きいようである。したがって、参加企業数が多いか、もしくは参加企業全員を満足させることができないカルテルが、もっとも決定的な共謀の証拠を提供しやすく、そしてそれ故にもっとも規制当局の摘発の対象となりやすいということがいえるであろう［Posner, 1970：410；Jamieson, 1994：23］。[35]

では、このように参加企業数が多い、もしくは参加企業全員を満足させることができないカルテルとはどのようなものであろうか。それは、企業間での対立の発生の余地の大きい、つまり利害の調整の難しいカルテルであり、これはカルテル形成のコストが大きいカルテルに他ならない。要するに、市場構造要因との関係でいえば、ビズィビリティの高いカルテルは、一般に、カルテル形成のコストの大きいカルテルであるということである。

例えば、参加企業数が多く、集中度が低く、参入制限の程度が低い場合、そこでのカルテルは、カルテル形成のコストが大きく、ビズィビリティの高いカルテルであると考えられる。そしてこのようなカルテルは、カルテル形成の条件が十分でない（利害の調整が難しく、参加企業間での対立の発生の余地が大きい）ため、その形成と維持を実現するために、何らかの手段がとられるかもしれないが、そのことがより探知の可能性を高め、そして立証を容易にするとも考えられるのである。[36] そしてその維持が困難なものであるので、その存続期間も短く、摘発によるベネフィットも小さいカルテルであると考えられる。

それに対して、参加企業数が少なく、高集中度市場であり、参入が制限されていればいるほど、そこでのカルテルは探知されにくく、また、その存在を立証するに足る証拠の収集が困難であると考えられる。このようなカルテルは、カルテル形成のコストが低い（利害の調整が容易であり、参加企業間での対立の発生の余地が小さい）ものであり、カルテルの形成とその維持が容易なものであるからである（それ故に、このようなカルテルは露見しにくく探知・立証が困難なものであろう）。したがってこのようなカルテルは、その存続期間も長く摘発によるベネフィットも高いと考えられる。

それではこの点についての統計的な結果をみてみよう。ここでは摘発との関係をみるために、主としてカルテルの存続期間に関する要因をみていくことにする。例えば、参加企業数が多いカルテルは摘発されやすいという仮説の検証は、カルテル参加企業数とそのカルテルの存続期間との関係をみていくことによってなされると考える。それ以外の要因（集中度・参入障壁等）についても同様に考える。[37]

参加企業数については、[Hay & Kelly, 1974][38]、[Posner, 1970][39]、[横倉, 1975] によって、参加企業数が少ないカルテルは比較的長期にわたって存続することが示されている。またそれに関係して、[横倉, 1975]、[横倉, 1977] は、事業者団体によるカルテルは事業者によるカルテルよりも存続期間が短いことを示している。このことは、事業者団体におけるカルテルでは参加企業数が相対的に多いことと[横倉, 1975][40]、事業者団体によるカルテルのほうが立入検査等の手間が容易であり、摘発のコストが小さい [植草, 1982] ことによると思われる。

さらに、[Jamieson, 1994] によって、事件あたりの参加企業数が多ければ多いほど、当該被告企業はネガティブな判決を受ける確率が高い（参加企業数の大きいケースでは、結果として有罪となることが多い）、ということが示されている。おそらくこのことは、前述のように、参加企業数が多ければ不満を持った参加者が規制当局の介入を求め、そしてその他の方法では入手できないような証拠を提出するために、摘発と介入の能力が促進されるからであろう［Jamieson, 1994 : 69］。

集中度については、［Hay & Kelly, 1974］によって、高集中度市場におけるカルテルが長期にわたって存続することが示されている[41]。また、［Jamieson, 1994］によって、20-firm 集中度では、統計的に有意ではなかったけれども、負の相関係数によって集中度の低さと事件における有罪の判決との間には関係があることが示されている。このことは、より込み合った市場では、共謀的な行為は実行が難しいかなりの調整が必要でありそれ故摘発が容易となることを示しているように思われる。

参入障壁の低い業種では、相対的にカルテルの存続期間が短いものが多いことが示されている［齋倉, 1975］。

そして、その高い安定性を意味する長く継続したカルテルは高利潤率との間に正の相関があることが、有意水準は低いけれども、［Asch & Seneca, 1976 : 8］によって示されている。したがって、存続期間の長いカルテルはその摘発によるベネフィットが大きいカルテルであることを示しているように思われる。

また、一九七三・一九七四年におけるカルテルの形成には、「石油危機」という特殊な要因が作用しているものと考えられ、カルテル形成の条件が十分でない（つまりカルテル形成のコストが高い）業種において、多数のカルテルが形成されたと考えられるが［横倉，1977（上）：142］、この期に形成されたカルテルはその存続期間が短かかったことが、［横倉，1977］によって示されている。[42]

以上をまとめると、カルテル形成のコストが小さいカルテルは、ビズィビリティの低いカルテルであり、摘発されにくく（摘発コストが大きく）、摘発によるベネフィットの大きなカルテルである。それに対して、カルテル形成のコストが大きいカルテルは、ビズィビリティの高いカルテルであり、摘発されやすく（摘発コストが小さく）、摘発によるベネフィットの小さなカルテルであるということができる。[43]

それでは次章において、以上の点（カルテル摘発要因）をふまえて、わが国におけるカルテル事件とそれに対する公正取引委員会の行動をみていくことにしよう。

(19)　このことは、［Asch & Seneca, 1976］、［瀰川, 1979］、［Jamieson, 1994］、［Simpson, 1986］、［横倉，1977］に示されている。

(20)　このことは、［Hay & Kelly, 1974］、［瀰川, 1979］、［Simpson, 1986］に示されている。

(21)　しかし、このような「誘因」はカルテルだけでなく、例えば不当表示や不公正な取引方法といった他の逸脱の場合にもあてはまると思われるが、この点については［Simpson, 1986］を除いてとくに意識されていないようである。

(22) もちろん、カルテル形成のコストを規定するのはこれだけではない。「統制環境（摘発の頻度・制裁措置の厳しさの程度）」も、カルテル形成のコストを規定する重要な要素である。しかし、ここでは、「統制環境（摘発の頻度・制裁措置の厳しさの程度）」についてはとくに触れない。これについては、拙稿「刑事制裁によるカルテル規制政策について—カルテル抑止効果を中心にして—」（『法と政治』四六巻一号）II章（本書第一部2章）を参照していただければ幸いである。

(23) カルテルの経験をもつ産業では、カルテル実行組織がなくても何らかの情報交換活動によって意識的平行行為をとることが容易である［植草, 1982：194］。

(24) また、カルテルが形成されても、そこからの脱退が取り締まられなければカルテルはうまくはいかないし、また持続しない。そこで、Stigler が強調するのは、買手の数と規模が一定であるなら、競争者が互いの価格の引き下げ（抜け駆け）を見つける可能性は参加企業数に応じて減少するということである。もしこのような価格の引き下げが容易に見つかるようであれば、それをやめさせるかもしくはカルテルはつぶれるであろう。したがってそこからいえることは、問題とされている市場における売手企業の数が少なければ少ないほど、カルテルが成功する可能性は高くなり、したがってそのような協定に参加しようとするインセンティブは高くなるであろうということである［Hay & Kelly, 1974：14］。

(25) 集中度が高い市場においては明示の共謀は必要でない。というのも相互依存性やコミュニケーションが不確定性を処理する他の手段を提供するからである［Scott, 1989：572］。

(26) また、そもそも高集中度市場では、利害を調整する企業数が少ないため、共謀参加企業が少ない場合と同様により共謀の成功が可能となる［Jameison, 1994：25］。

(27) 但し、有意水準は低い。

(28) 但し、有意水準は低い。
(29) 但し、有意水準は低い。
(30) 但し、いずれも有意水準が低い。とくに［Asch & Seneca, 1976］については有意ではない。
(31) 同様の指摘として、［Asch & Seneca, 1976：7］、［Jamieson, 1994：23］、［Posner, 1970：410］、［横倉, 1977］参照。
(32) そして、このことは明白なカルテル（つまりビズィビリティの高いカルテル）に摘発が集中する可能性を示しているといえる［Asch & Seneca, 1976：2］。
(33) ここでは資料の入手の制約から、主として米国におけるカルテルの探知・立証について概観する。しかし、わが国におけるカルテルの探知・立証についても大体においてあてはまるものと思われる。
(34) 反トラスト局の調査の大部分は私人からの通報（申告）に基づいている［Jamieson, 1994：91］。また、わが国においても一九六二年から一九七六年における申告件数は九二九件であり、当該期間における全受理件数の六三・〇％となっている（**表3**参照）。
(35) ［Posner, 1970］は、カルテルの立証にあたっては、「意思」の存在を立証することにその主眼をおき、（その手段として）経済分析に重きをおいていないので、そのような法システムは、概して、成功した価格協定の摘発よりも、あまり上手くいかなかった（失敗した）価格協定の摘発により適応しているように見受けられると述べている［Posner, 1970：410］。また［Scott, 1989］は、カルテルの訴追にあたっては、競争者間での行為やコミュニケーションが企業や当該市場の構造や特徴よりも調査において重視される。というのも、統一的な価格の変化や市場の分割は容疑を引き起こすかもしれないが、統一的な行為を行わせるコミュニケーションの性格と範囲だけが競争と共謀を区別しうるからであると

述べている [Scott, 1989 : 560]。

(36) 例えば、[Posner, 1970 : 399] によると、参加者が多い事件では、つねに、業界団体／商品取引所／パテント・プール／もしくはその他の団体が共謀実現のための手段となっているということである。

(37) ここで分析の対象となったサンプルは摘発されたカルテルであるので、その点で、3章の(1)におけるカルテル形成要因についての検証と異なり（そこではカルテル業種と非カルテル業種の比較において摘発されたカルテルをカルテルのサンプルとして用いているので、摘発を免れたカルテルが非カルテル業種の中にカウントされる危険性がある）、サンプルによるバイアスが少ないものと思われる。

(38) 但し、ほとんどのケースが共謀参加者数が一〇もしくはそれ以下なので、観察値は有意なパターンがみられるほど十分ではなかった。せいぜい言えることは、一〇ぐらいまでの共謀参加者数は、特定の状況では長期間の共謀を可能にしうる [Hay & Kelly, 1974 : 26] ということである。

(39) 但し、[Posner, 1970] の場合、参加企業数が多いほどよりカルテルの存続期間が短いということを示している。

(40) [横倉, 1975] によると、事業者によるカルテルの平均参加企業数が八社であるのに対して、事業者団体による場合は一六社であったということである。

(41) 高集中度については明らかなパターンを示しており、一〇年もしくはそれ以上継続した共謀の多数は高集中度市場においてであった [Hay & Kelly, 1974 : 26]。

(42) 但し、有意水準が低い。

(43) ここでは、市場構造要因を中心にカルテル摘発要因についてみてきたのであるが、例えば、当該企業の政治的・経済的な影響力も、カルテル摘発要因を分析するにあたっては重要な要素である。規制と競争の社会的・政治的・経済的文脈は、力のある経済的アクターは彼の力を市場において直接使うだけでなく、市場への政府の干渉に影響を及ぼすことによって間接的にも使用するのである［Jamieson, 1994 : 34］。そしてこのような力によって摘発や訴追を免れることができるともいわれている［Jamieson, 1994 : 49］。したがって、このことはカルテル規制をめぐる研究において重要なポイントであるが、本稿では直接以上の点については触れないことにし、筆者の今後の課題とするに留めたい。

4　カルテル規制政策の実態

一般に公正取引委員会に限らず、規制当局は一定の「活動方針に」基づいて行動していると考えられる。そこで本章では、カルテル規制政策について規制当局の「行動の成果」からその「活動方針」を推測し、わが国におけるカルテル規制政策の実態を考察してみたい。ここで、公正取引委員会の「行動の成果」を示すものとして、公正取引委員会によって審決に付されたカルテル事件の件数とその内容（**表1**）を用いることにし、そしてそこから読みとれることについてみていくことにする。

それでは、わが国におけるカルテル件数の推移を概観してみよう。**表1**は、『公正取引委員会審決集』、『公正取引委員会年次報告』、『独占禁止政策三十年史』に基づいて作成したものであり、独占禁止法制定の一九四七年から一九九四年までの間に、独占禁止法三条後段もしくは八条一項一号に違反

71	72	73	74	75	76	77	78	79	80	81	82	83	84	85	86	87	88	89	90	91	92	93	94	計
35	19	67	41	20	20	8	2	10	5	9	10	5	7	1	4	4	5	7	9	15	29	23	19	635
37	34	69	60	34	25	18	8	15	16	13	20	12	9	17	5	6	6	10	17	29	38	30	25	957
3	9	35	31	12	14	1	1	2	4	6	5	5	4	0	3	0	5	4	4	12	19	22	6	278
32	10	32	10	8	6	7	1	8	1	3	5	0	3	1	1	4	0	3	5	3	10	1	13	357
13	10	39	16	8	10	0	1	2	2	6	4	0	2	1	0	0	3	1	3	5	8	4	1	222
23	9	28	25	12	10	8	1	8	3	3	6	5	5	0	4	4	2	6	6	10	21	19	18	413
17	14	43	26	10	11	7	2	1	3	6	5	5	3	1	3	4	5	4	5	10	11	5	2	319
18	5	24	15	10	9	1	0	9	2	3	5	0	4	0	1	0	0	3	4	5	18	18	17	316
-	1	-	3	-	-	-	-	5	-	2	4	1	2	-	2	-	-	5	4	4	17	13	16	81
-	0	-	1	-	-	-	-	1	-	1	0	0	0	-	0	-	-	0	0	0	1	1	0	5
-	1	-	2	-	-	-	-	4	-	1	4	1	2	-	2	-	-	5	4	4	19	12	16	76

する行為として摘発され、審決に付された（法的措置がとられた）カルテル事件の件数とその内容を示している[44]。

これによると、一九四七年から一九九四年の全期間で六三五件（年平均一三・二件）のカルテルが摘発されている。しかしその件数は常に一定であるということはなく、かなりの変化がみられる。そこでカルテル件数の大まかな変化をみてみると、独占禁止法制定からしばらくの間はカルテル件数もそれなりにみられるが、一九五四年をさかいに減少し、その後しばらくカルテル件数はごく少数に留まっ

表1　カルテル件数

年度		47	48	49	50	51	52	53	54	55	56	57	58	59	60	61	62	63	64	65	66	67	68	69	70
カルテル審決件数		4	2	5	32	12	9	9	0	5	3	2	1	1	0	1	8	22	27	15	13	7	20	21	42
全審決件数		5	2	14	59	18	15	12	5	11	6	7	2	2	1	3	13	36	30	27	17	12	31	32	44
主体	事業者	1	2	2	24	3	4	1	0	5	1	2	0	0	0	0	0	2	9	2	0	1	6	3	3
	事業者団体	3	0	3	8	9	5	8	0	0	2	0	1	1	0	1	8	20	18	13	13	6	14	18	39
市場	全国市場	3	1	2	22	8	2	2	0	4	3	0	1	1	0	1	3	9	6	1	2	0	3	3	7
	地方市場	1	1	2	10	4	7	7	0	1	0	2	0	0	0	0	5	13	21	14	11	7	17	18	35
業種	製造業	2	0	1	17	7	6	2	0	5	3	2	0	1	0	1	5	15	11	3	4	2	9	6	14
	非製造業	2	2	4	15	5	3	7	0	0	0	0	1	0	0	0	3	7	16	12	9	5	11	15	28
談合	件数	-	-	-	-	-	-	-	-	-	-	-	-	-	-	-	-	-	-	-	-	1	-	1	-
	全国	-	-	-	-	-	-	-	-	-	-	-	-	-	-	-	-	-	-	-	-	0	-	0	-
	地方	-	-	-	-	-	-	-	-	-	-	-	-	-	-	-	-	-	-	-	-	1	-	1	-

注）1．対象は，独占禁止法3条後段（旧4条を含む）および，8条1項1号（旧事業者団体法の対象となったカルテル事件を含む）に違反する行為として摘発され，審決に付されたカルテル事件である．

2．『公正取引委員会審決集』，『公正取引委員会年次報告』，『独占禁止法三十年史』より作成．

ている。そして一九六三年をさかいに増加し始め、とくに、一九七〇年・一九七三年に急激な増加がみられる。そして一九七七年からカルテル件数はしばらくおちつくものの、一九九一年頃から再び増加している。このように、カルテルの件数にはかなりの変化がみられるのである。

それでは、このようなカルテル件数の変化は何によって説明されるのであろうか。この点について、とくにカルテル件数の増加の側面に注目しながらみていくことにする。

表2　期間別カルテル件数

	1963～1971	1972～1976	1991～1994	全期間
カルテル件数	22.4件(202件)	33.4件(167件)	21.5件(86件)	13.2件(635件)
カルテル件数比	75.9%	75.2%	70.5%	66.4%
事業者団体比	85.6%(173件)	39.5%(66件)	31.4%(27件)	56.2%(357件)
地方市場比	78.7%(159件)	50.3%(84件)	79.1%(68件)	65.0%(413件)
非製造比	59.9%(121件)	37.7%(63件)	67.4%(58件)	49.8%(316件)
平均参加事業者数	――	――	24.2	12.1

注）1．対象は，独占禁止法3条後段（旧4条を含む）および，8条1項1号（旧事業者団体法の対象となったカルテル事件を含む）に違反する行為として摘発され，審決に付されたカルテル事件である．
2．カルテル件数比は，当該期間における全審決数に占るカルテル件数の割合である．
3．『公正取引委員会審決集』，『公正取引委員会年次報告』，『独占禁止法三十年史』より作成．

(1)　カルテル規制政策の強化を促す社会的背景（「公正取引委員会の活動姿勢」を規定する要因）

全期間を通じて、とくにカルテル件数の増加がみられるのは、一九六三年から一九七六年までの期間と、一九九一年から一九九四年までの期間である。この両期間におけるカルテル件数は、一九六三年から一九七六年の間に年平均二六・四件、一九九一年から一九九四年の間に年平均二一・五件と、全期間を通じての年平均件数一三・二件のほぼ二倍となっており、他の時期と比べてカルテル件数がかなり多くなっている。

このようなカルテル件数の多さは、公正取引委員会の積極的な活動つまり公正取引委員会によるカルテル規制政策の強化によるものと思われるが、それではこのカルテル規制政策の強化をもたらした要因は何であろうか。共通の特徴としては、これらの時期にそれぞれカルテル規制政策の強化を要請する社会的な背景があったということがあげられる。

まず、一九六三年から一九七六年の期間についてみてみよう。一九六〇年代前半は消費者物価が高騰し始めた時期であり[(45)]、その原因として寡占における管理価格やカルテルの横行が指摘された[(46)]。そして高度成長政策のうらがえしとして、カルテルの弊害がこの頃はじめて社会的な関心事となっている。例えば、カルテル規制強化の必要性は一九六〇年九月の閣議了解で取り上げられ、これ以降物価安定会議などの物価問題についての提言では、独占禁止法の運用強化が必ず取り上げられるようになっている［実方，1995：36］[(47)]。

さらに、一九七〇年代になると高度成長も安定期に入り、その成長に陰りも見え始めた。そのうえあいかわらず消費者物価の高騰は継続しており、とくにこれまで比較的安定していた卸売物価が一九七二年後半から大幅な上昇をみせ始め、一九七三年以降石油危機によって急激に加速された［30年史，1977：309］。そしてこの頃に、いわゆる「狂乱物価」といわれた急激で著しい物価上昇が起こっている。このようななかで、産業界では原材料費・賃金等のコスト上昇をカルテルによって需要者に転嫁しようとする動きが目立ち、企業に対する世論の反感はこれまでにない高まりをみせた[30年史，1977：309][(48)]。

そしてこのような状況を背景として、公正取引委員会によるカルテル規制政策が世論の期待を集めるようになり(49)、このことが、カルテル規制政策における公正取引委員会の積極的な活動を促したと考えられる。例えば、事件の端緒別件数（表3）をみても、一九六五年以降申告・職権探知いずれの件数も増加しており、とくに申告件数の増加は当時の世論の高まりを示しているように思われる。また、当時の世論の高まりの結果として、一九七七年には独占禁止法制定以来はじめての強化改正が実現している(50)。

一方、一九九一年から一九九四年の期間は前述の時期とは異なり、この期におけるカルテル規制政策の強化を特徴づけるのは一九八九年に始まった日米構造協議である。

一九九〇年に提出された日米構造協議最終報告において、わが国は米国の要求に応えて独占禁止法の運用強化を約束し、それを受けて、公正取引委員会は独禁法違反行為に対して刑事制裁を積極的に活用する等、運用強化に向けての方針を示した。そして実際に、この期（一九九一年・一九九三年）にカルテルに対して二件の刑事告発がなされており、制度面でもカルテルに対して課徴金の引上げや刑罰の引上げ等の措置がとられている。このようにわが国の独占禁止法の積極的な運用を求める外国からの圧力も、公正取引委員会の積極的な活動を促す要因として重要な役割を果たしていると考えられる。

以上みてきたように、これらの時期には、それぞれカルテル規制政策を望む世論の高まりやそれを

表3　事件の端緒別件数

年度	47	48	49	50	51	52	53	54	55	56	57	58	59	60	61	62
申告	15	26	32	11	26	24	32	17	13	22	41	28	17	12	11	13
職権探知	50	172	61	28	42	27	36	19	12	5	4	2	0	1	13	11
通知	1	2	1	1	2	0	0	0	0	0	0	0	0	0	0	0
計	66	200	94	40	70	51	68	36	25	27	45	30	17	13	24	24

年度	63	64	65	66	67	68	69	70	71	72	73	74	75	76	計
申告	28	21	94	55	60	75	82	88	54	72	60	64	79	84	1,256
職権探知	13	13	54	41	44	63	29	44	44	44	45	47	31	23	1,018
通知	0	0	0	0	0	0	0	0	0	0	0	0	0	0	7
計	41	34	148	96	104	138	111	132	98	116	105	111	110	107	2,281

注）1．対象は，独占禁止法違反事件全体である．
　　2．『独占禁止法三十年史』より作成．

要請する社会的な背景があったのであり、それが公正取引委員会によるカルテル規制政策への積極的な取り組みを促したものと思われる。しかし、それがそのままカルテル件数の増加につながったわけではない。この時期におけるカルテル件数の増加は、政策の実施にかかるコストによっても規定されていると考えられる。

(2)　カルテル件数の増加と公正取引委員会の活動方針

それでは次に、これらの期間に摘発されたカルテル事件について詳しくみてみよう。

まず、一九六三年から一九七六年までの期間であるが、この時期のカルテル事件をみてみると、その前半と後半とでカルテル事件の内容が異なることが分かる。

まず前半の時期をみてみると、事業者団体によるカルテル、地方市場におけるカルテル、そして非製造業分野（主としてサービス業、小売・卸売業）におけるカルテルの比率が著しく高いことが分かる。例えば前半期を一九六三年から一九七一年の期間とすると、その比率はそれぞれ**表2**に示されるように、八五・六％（事業者団体によるカルテルの比率）、七八・七％（地方市場におけるカルテルの比率）、五九・九％（非製造業分野でのカルテルの比率）、というようになっている。

この事業者団体によるカルテルは、カルテル参加企業数が相対的に多く摘発が容易なカルテルであり(51)、また、そのうちわけも、地方市場における理容業、クリーニング業といったサービス業、食料品や石油等の小売・卸売業が多数を占めており、その弊害の大きさ（つまり、摘発によるベネフィット）も小さい、いわばマイナーなカルテルである。そしてこのような地方市場における中小事業者によるカルテルはその形成の形態も露骨なものであり、その探知・立証が容易なカルテルであるといえる。それとは対照的に、全国市場での大企業によるカルテルはこの期間にほとんど摘発されていない。したがって、このように摘発の対象が摘発の容易なカルテルに偏っていることから、この時期にはビズィビリティの高いカルテルを中心に摘発を行う「低コスト・低ベネフィット型のカルテル規制政策」がとられていたものと考えられる。

次に後半期におけるカルテル事件をみてみよう。この時期は一九七一年の第一次石油危機・一九七三年の第二次石油危機を背景としてカルテル規制政策がとくに積極的に行われており、一九七三年には六七件と全期間を通じて最高のカルテル件数を示している。そして、独占禁止法制定以来はじめてカルテルに対して刑事告発が行われたのもこの年である。カルテル事件の内容についてみても、一九七二年をさかいに全国市場におけるカルテルと製造業分野におけるカルテルの比率がそれ以前と比べてかなり増加しており、全国市場での大企業によるカルテルに対しても積極的に摘発を行っているように見受けられる。

したがって、この後半期に限っては前半期のようにいわゆるマイナーなカルテルに摘発が偏っているわけではない。しかしこの期間（とくに一九七三・一九七四年）においては、「石油危機」という特殊な要因がカルテルの形成にも作用していると考えられ、カルテル形成の条件が十分でない、つまりカルテル形成のコストが大きいカルテルが多く形成されたものと考えられる。[52]そのため、この時期のカルテルは全体としてビズィビリティが高く比較的摘発が容易であったと考えられ、このことがこの期間におけるカルテル件数の増加に寄与しているものと思われる。

最後に、一九九一年から一九九四年までの時期におけるカルテル事件をみてみよう。

一九九〇年の日米構造協議最終報告において、わが国は独占禁止法の運用の強化を約束するのであるが、実際に、翌年の一九九一年からカルテル件数は顕著に増加している。しかし詳しくみてみると、その件数の増加はその大部分が地方市場における談合事件によるものである。例えば、一九九二年・

九三年・九四年はそれぞれ二九件・二三件・一九件と件数が非常に多いのであるが、その半数以上（順に、一七件・一三件・一六件）は談合によるものである。また、この期のカルテル事件は地方市場での比率が高く（七九・一％）、非製造業分野での比率（六七・四％）は全期間を通じてもっとも高くなっているが、このことも地方の建設業者による談合事件の比率を反映してのものであろう。そしてこのような地方市場における談合事件は、そこからの離脱者の多いいわゆるカルテル形成のコストの大きいカルテルであり、ビズィビリティが高く摘発が容易なカルテルである。そしてその規模（それによるベネフィット）も小さいいわばマイナーなカルテルであるといえる。

また、この期における事業者団体の比率は低い（三一・四％）ものの、これは事業者団体によるものであっても事業者として構成できる場合はなるべく三条後段を適用するという（一九七三年以来の）公正取引委員会の方針を反映してのことと考えられ、これに関係すると思われる事件あたりの参加事業者数をみると二四・二と全期間を通じてもっとも多いものとなっている。

したがって、この時期においても、摘発の容易なビズィビリティの高いカルテルを中心に摘発を行う「低コスト・低ベネフィット型のカルテル規制政策」がとられていたものと思われる。

以上をまとめると、次のようなことがいえるであろう。

カルテル件数の増加がみられた時期には、一九六〇年代の「消費者物価の高騰」、一九七〇年代の「石油危機」による「狂乱物価」、そして一九九〇年代にはわが国の独占禁止法の運用強化を求める「外圧」

というように、それぞれカルテル規制政策の強化を要請する社会的な背景があり、それに応えて公正取引委員会はカルテル規制政策に積極的に取り組んだように思われる。しかし摘発されたカルテル事件をみてみると、実際にはビズィビリティの高い摘発の容易なカルテルにその規制の対象が集中しているのである。このことは、カルテル規制政策においては政策の実施にかかるコストがかなり重要であることを示しているように思われる。そして、カルテル件数の最も多い一九七三年前後に摘発されたカルテル事件の特徴をみれば、このことはより明らかになると思われる。カルテル件数でみるかぎり、全体としてわが国では地方市場における中小企業分野、とくに事業者団体によるカルテルが多数をしめている（これは、中小企業分野である非製造業（主として、サービス業、小売・卸売業、建設業）におけるカルテルが多数摘発されていることによる）。しかし、一九七三年前後の時期にかぎっては、全国市場でのカルテルや製造業分野でのカルテルの比率が高いというように、摘発されたカルテルの特徴が他の時期と異なっているのである。これは、この時期に形成されたカルテルは前述のように相対的にビズィビリティが高く、摘発コストが小さかったために、通常あまり摘発されないようなカルテルについても摘発が行われ、その結果カルテル件数が増加したと考えられるからである。

もちろん、カルテル件数の増加は予算・人員によっても規定される。予算・人員が増えれば、それだけカルテル件数が増加する可能性は高くなるといえるであろう。しかし、公正取引委員会における予算・人員の変動をみた場合、カルテル件数と比べて、予算・人員が急激に増加しているとはいえな

表4　予算・人員の弾性値

予算の弾性値	1.111 (4.847)
人員の弾性値	0.354 (68.000)

注) 1．数値は，1955年から1994年における，公正取引委員会の予算・人員のGNPに対する弾性値である．
2．数値は，1985年の物価水準でデフレートしている．
3．カッコ内は弾性値が1.0から乖離しているかどうかの検定におけるt値であり，いずれも統計的に有意である．
4．但し，以上の数値は，土井教之教授（関西学院大学）に計算して頂いた。記して，謝意を表す次第である．

いのである。**表4**は、一九五五年から一九九四年までの期間における、GNPの増加に対する公正取引委員会の予算と人員の弾性値を示したものであるが、これによると、当該期間を通じて、予算・人員は増加しているけれども、その増えぐあいはかなり小さいことが分かる。予算はGNPの成長率よりも高い比率で増加しているがそれもわずかであり（一・一一一）、人員は、GNPの成長率よりも低い比率で増加している（〇・三五四）。このように、全体として予算・人員ともに増加してはいるもののその増えぐあいは小さく、とくに予算の割に人員が増えていないということがいえる[53]。このように、世論の高まりは公正取引委員会の予算・人員にはほとんど反映されていないのである。それ故、2章で仮定したように、予算・人員は一定として考えることができるであろう。したがってカルテル件数の増加は、主として政策の実施にかかるコスト、つまりカルテルのビズィビリティ（カルテ

図２　規制当局の行動図

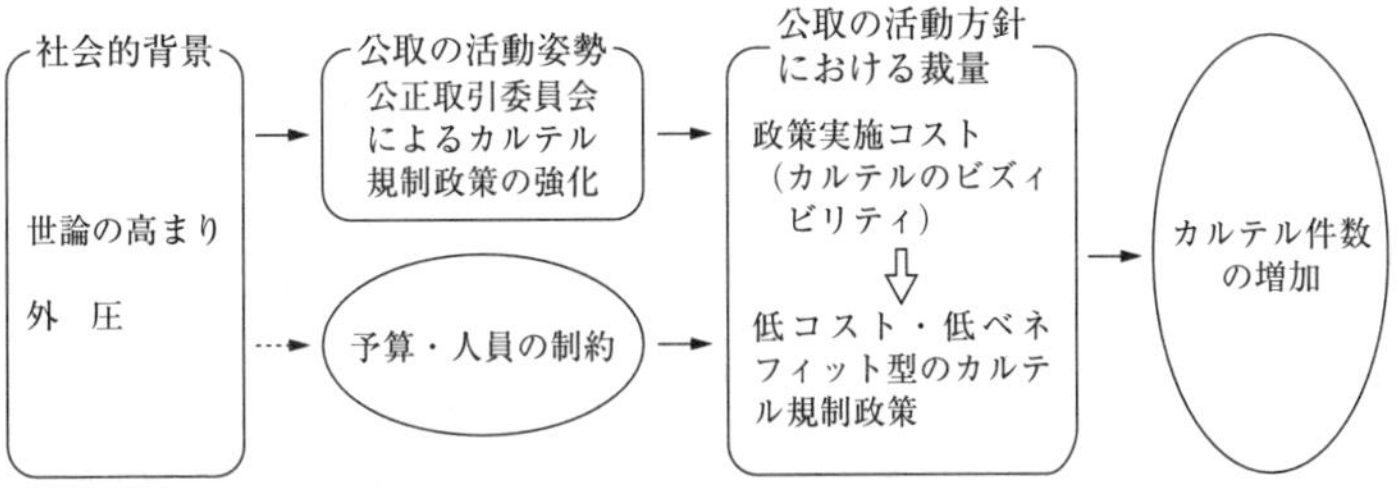

ルの探知とそれを立証するに足る証拠を収集することの難易）によって規定されているということができる。

要するに、カルテル件数の増加がみられた時期には、ビズィビリティが高く摘発の容易なカルテルにその規制が集中していたのであり、「低コスト・低ベネフィット型のカルテル規制政策」がとられていたものと思われる。そして、このように「低コスト・低ベネフィット型のカルテル規制政策」がとられた理由としては、予算・人員の制約のもとで、公正取引委員会が、規制の強化を促す社会的な背景（それを望む「世論の高まり」や「外圧」）に応え、その積極的な活動を「摘発件数の最大化」によって示そうとしたということが考えられる。

以上を図式化したものが、**図２**（規制当局の行動図）である。

（44）　これには、独占禁止法旧四条、旧事業者団体法の対象となったカルテル事件も含まれる。

（45）　消費者物価については、一九六〇年を基点としてその騰勢が始まり、年率にしてほぼ毎年五％を超える上昇傾向を示した［30年史，1997：165］。

(46) 例えば、その直前の一九五七年には、行政指導や個別立法によるカルテルが広範に行われ、「何らかの競争制限が行われていない業種はほとんどない」、「わが国の商品価格は、ほとんどカルテルの影響を受けた人為的なものである」［公正取引委員会年次報告，1957：35］という状況になっていた［実方，1995：33］。

(47) 詳しくは、［30年史，1977：165］参照。

(48) 例えば、この時期、「反企業ムード」という言葉が流行語となっていた［30年史，1977：309］ということからも、このことがうかがわれる。

(49) 物価高騰に苦しむ国民の期待が、その元凶と見られる違法カルテルの摘発を精力的に続ける公正取引委員会の活躍に向けられ、独占禁止政策に対する認識を国民大衆に強く印象づける契機となった。そして、独占禁止政策の存在意義について、それまでほとんど無関心に近かった一般国民の意識に、違法カルテルの摘発を続ける公正取引委員会の存在が、「消費者の味方」という印象をもって強く刻みつけられた。こういう庶民の期待には、独占禁止政策をして物価高騰を抑える万能薬視する過大な期待もなかったとはいえない。しかし国民のこのような独占禁止法に対する期待の高まりを、公正取引委員会は、独占禁止法強化のためのチャンスとして捉え、以後独占禁止法強化改正に取り組むようになった［舘園生，1987：229］。

(50) この改正は、一九七三年から一九七四年の石油危機下の狂乱物価を背景として取り上げられ、一九七四年九月には公正取引委員会の改正試案の骨子が公にされて議論が進められた。この改正に対しては、産業界や与党は必ずしも積極的ではなかったが、強化のための改正を支持する国民の要求が強く、保革伯仲で参議院選を迎えるという状況のなかでの政治的対応として、この改正が与野党一致で成立した［実方，1995：41］。
(51) 前述、3章の(2)参照。
(52) 前述、3章の(2)参照。
(53) このことは、予算の増加分が人件費の上昇によって相殺されていることによると思われる。

5 おわりに

本稿では、規制当局（公正取引委員会）の行動に注目しながら、わが国におけるカルテル規制政策がどのように展開されているのかについて、その法執行の側面から考察してきた。そこで本章では、これまでの考察をふまえ、結論と若干の問題点にふれて結びにかえたい。

まず、審決におけるカルテル件数の増加については、客観的なカルテル件数の増加と規制の強化によるものとの二通りの説明が可能であると思われるが、わが国の場合、規制の強化によってカルテル件数が増加しているとみたほうが説得的であろう。そしてこれまでみてきたように、カルテル件数の増加がみられた規制強化期には、概して「低コスト・低ベネフィット型のカルテル規制政策」がとられているようである。これは、予算・人員の制約と、それに関係した現行の探知・立証方法の制約のなかで、積極的な活動を示すために、公正取引委員会が「件数の最大化」をその目的としたことによるのであろう。そしてこのように「件数の最大化」を目的とした場合、予算・人員が一定であれば、摘発はビズィビリティの高いカルテルに集中することになる。

したがって、カルテル件数の増減だけで法の執行を判断することには問題があるであろう。カルテル件数に変化がみられる場合、それが何によってもたらされるのかについては、その規制対象を含めた議論が必要となるのである。一般に、カルテル規制政策の強化を望む社会的な背景がある場合、公正取引委員会はカルテル規制政策に積極的に取り組もうとするであろう。しかしこのような「公正取引委員会の活動姿勢」だけで、カルテル件数の増加を説明することはできない。カルテル件数の増加は政策の実施にかかるコスト、つまりカルテルのビズィビリティ（カルテルの探知とそれを立証するに足る証拠を収集することの難易）によっても規定されるからである。そのため、カルテル規制政策の強化といっても、予算・人員が一定であれば、「低コスト・低ベネフィット型のカルテル規制政策」が選択されやすいということがいえるのであり、ここに、公正取引委員会を含めた規制当局（法執行機関）の行動属性が見て取れるのである。

そしてここからいえることは、カルテル規制政策の強化を行う場合には、探知・立証の方法の改良（とくに、寡占市場を中心とした）と予算・人員のドラスティックな拡大が必要となるということである。また、規制政策の公共性をいかに確保するか、つまり、カルテル規制政策において広範な裁量をもつ規制当局の行動を、社会の要求に応えさせるべくいかにコントロールするかという「二次統制」の問題についても考えていく必要があろう。

最後にこれまでの考察をふまえて、近年、独占禁止法の運用強化に向けて注目されている刑事制裁の活用に触れて、本稿を閉じることにしたい。

公正取引委員会がカルテル規制政策を強化しようとする場合、ビズィビリティの高いカルテルに摘発が偏る可能性がある（つまり、「低コスト低ベネフィット型のカルテル規制政策」がとられる）のであるが、刑事制裁の積極的な活用といった場合、この低コスト低ベネフィット型のカルテル規制政策は問題となる。というのも、概して、行政的規制・刑事的規制の順で、その責任・違法性の程度、損害の量も大きくなるものと考えられているが、低コスト低ベネフィット型のカルテル規制政策をとった場合それとの矛盾が生じると思われるからである。刑事制裁を適用する場合、他の規制措置と比べて立証の厳格性等、政策の実施に要するコスト（カルテルの探知・立証に要するコスト）がより大きくなるということから、このことはとくに問題となる。つまり、刑事制裁を活用する場合、よりビズィビリティの高いものに集中する可能性が高くなるからである。したがって刑事制裁の積極的な活用といっても、それに応えてビズィビリティの高いカルテルに対して摘発がなされるか（「件数主義」）、もしくは刑法が伝統的に処罰の対象としてきた実質的被害の伴う場合にその適用を限定し、よって「積極的な活用なし」のいずれかになるように思われる。したがって刑事制裁は、カルテル規制政策において、その期待される機能（カルテル抑止効果）をそれほど果たさないのではないかと思われる。

一般に企業活動のコントロールを考える場合、もっとも重要であると思われるのは、規制当局が企業活動（における違法行為）をいかに把握できるかということであろう。そして企業活動のコントロールの実効性は、規制当局の行動の枠組み、つまり違法行為をどのように探知し、そしてそれをどのように立証するのかということと、それを実施するのに必要なコストとに依存すると思われる。したがって、そのようなことをふまえた規制政策の設計（枠組みづくり）が必要であると思われる。そしてこういったことを含めて、企業活動のコントロールの研究にあたっては、企業の行動を分析すること（例えば、組織体犯罪の原因論等）も重要であるが、いかにして企業犯罪（逸脱）が可能となっていくのかといった視点から規制当局の行動を分析するということが、より一層重要であるように思われる。

第三部　企業活動規制戦略の理論的検討

1　はじめに

昨今の環境下で、企業活動規制についてはその規制を強化しようとする動きがあり、そしてそのような中で刑事制裁がその期待を一身に背負っているという状況がある。しかし刑事制裁はそれほどこの分野で有効であるのだろうか。「有効・有効でない」のいずれにしろその原因は何なのか。これまで筆者は、このような観点から企業犯罪を取り上げ、そのコントロールについて考察を行ってきた。(1) そしてそこで得た筆者の結論は、このような分野（企業活動のコントロール）においては現段階では刑事制裁はあまり有効には機能しない（少なくとも、一般的に期待されている企業に対する即効的な抑止効果としては機能しない）というものであった。

そこで次に問題となるのは、「企業活動のコントロールにあたってはどのような手段・方法が有効であるのか」ということであろう。[2] 本稿ではこのような視点から、企業活動規制戦略について理論的に検討してみたい。

(1) 拙稿、[松原, 1995]、[松原, 1996]は、このような観点から、とくにカルテル規制を取り上げて検討したものである。

(2) また、「企業活動のコントロールにおける刑事制裁の機能」も残された問題であろう。この点については、第四部において検討する。

2　「リアクティブ」な規制から「プロアクティブ」な規制へ

(1)　伝統的な犯罪に対する企業犯罪の特質

一般に、その規制対象が伝統的な犯罪であれ企業活動であれ、規制当局は事件にアクセスが可能でサンクション (sanctions and rewards) を課すことが可能となる範囲においてのみ有効に機能するといえる [Horwitz, 1990 : 199]。そして伝統的な犯罪と比較した場合、企業活動のコントロールにあたってはこの事件へのアクセス可能性に関する部分、つまりその摘発・立証に困難が伴うという部分が最も問題となると思われる。[3] そこでまず本節では、伝統的な犯罪との対比の下に、このような企業活動(企業犯罪)のコントロールに特有の問題点について簡単にみておきたい。

規制当局が事件にアクセスするには二つの一般的な方法がある。規制当局が違反行為を直接に監視するというプロアクティブ(proactive)な規制方式と、規制当局は傍観者/被害者/犯罪者からの報告・通報に反応するというリアクティブ(reactive)な規制方式である[Horwitz, 1990 : 198]。よく知られたプロアクティブな規制方式には、交通整理/おとり捜査/現行犯逮捕などがある。プロアクティブな規制方式は効果的ではあるが、たいていの犯罪者は発見やサンクションを避けるために自分の行為を隠そうとするであろうし、犯罪はあまりにも頻発にそしてランダムに起こるので、規制当局にとって犯罪を直接に監視することは不可能である場合が多い。したがってプロアクティブな規制方式は、ふつう事件にアクセスするための実際的な戦略とはならないのであり、たいていの規制活動はプロアクティブというよりもリアクティブな規制方式になっている[Horwitz, 1990 : 198]。

しかしながら多くの企業活動にともなう違法行為(企業犯罪)は、リアクティブな手段を受けつけないことが多い。それは、違法行為が規制当局にみえにくいということと、その違法行為による直接の被害者がいないことが多いということによっている。その違法行為によって被害を被った者が、実際に自分たちの被害に気がついていない場合、彼らはその違法行為を当局に通報することはできないからである。そういうわけで、多くの企業犯罪はその可視性が低いことによって規制当局が効果的に事件にアクセスすることを妨げているのである。例えばカルテル／談合といった企業犯罪は、その違法行為に参加した者が情報提供者として出てこないかぎり、規制当局は事件を発見する手段がないことが多いのである［松原，1996：44］。

そこで以上のことからいえることは、企業犯罪を効果的に抑止していくためには企業活動の可視性を高める必要があるということであろう。つまり「ⓐ規制当局が事件にアクセスしやすいようなシステムの確立」が必要である。そして、規制当局が事件にアクセスすることができた場合には違反者（違反企業）に望ましい変化をもたらすようなサンクション（sanctions and rewards）を適用しなければならない（「ⓑ当該違反企業に矯正効果をもたらすような規制戦略の適用」）。

このような点について、以下の節で検討していくことにしよう。

(2)　企業活動に対する規制執行戦略

本節では、「なぜ企業は規制違反を行うのか」という犯罪原因論に基づく仮説をたて、それに対応した「企業活動の規制戦略」について検討する。ここでは、R・ケイガンとJ・ショルツ［Kagan & Scholz, 1984］によって三つに分類された「企業のイメージ」と、それに対応する「規制執行戦略」に基づいて議論を進めることにしたい。それでは順にみていくことにしよう。

① 警察官としての規制執行

規制違反を説明する一つの考え方は、企業は経済計算から規制違反を行うというものである。企業を道徳規準をもたない計算機としてイメージするわけである。企業は完全に利潤追求に動機づけられており、注意深く且つ的確に機会とリスクを計算し、期待される罰金額と摘発される可能性が法に違反することによって得られる利益に比して小さい場合、彼らは法に従わないとするのである。

このように考えた場合、規制当局は、うまくやりおおそうという気にさせないように全ての企業に対して積極的に監視を行い、違反を行っている企業に対しては直ちに厳格な制裁を課すべきであるということになる。つまりその目的は抑止であり、規制当局はビジネスマンの言い訳に耳を貸さない厳格な「警察官」であるべきであるということになる。企業による法遵守への技術的財政的な障害についての訴えに耳をかす必要もなければ、違反の重大性やその具体的な内容について独立の判断をする必要もないのである。したがって企業の「道徳規準をもたない計算機」としてのイメージは、厳しい制裁を備えた統一的で明確な基準を厳格に執行することを要求することになる。

しかし、このようなリーガリスティックな規制執行は、往々にして被規制企業に不必要で無駄な支出をもたらすことになる。例えばリーガリスティックな規制は、大気汚染・水質汚染の防止設備や安全性テスト等の分野においてそれなりの効果をもたらしたのであるが、そのような規制に従うためにはその効果に比して莫大なコストが必要とされた。そしてこのことは、リーガリスティックな規制に対して被規制企業が抱くもっとも一般的な不平である[4]。またこのように厳格な規制執行を行う場合、規制当局にとって事件の摘発・立証に伴う困難性とそれにかかるコストが特に問題となるであろう。

② 政治家としての規制執行

規制違反を説明するもう一つの考え方は、何らかの法違反は、被規制企業が恣意的ないしは不合理であるとみなしている規制や命令に対する原理的な反対から起こるとするものである。ここで企業は政治的市民としてイメージされる。彼らは法の支配に対する信念から、そしてまた長期的な自己利益の観点から、通常法に従う傾向にあるとされる。しかし規制執行が恣意的で不合理な負担を課すようなものである場合、概して法を遵守する傾向のある企業でも、選択的な非遵守の戦略を採用するであろうことは容易に想像できるであろう。したがってこの理論が主張する中心的部分は、法に従う傾向というのは条件次第のものであり、法的要求が合理的なものであるかどうかにかかっているということである。

このように企業が規制の合理性もしくは不合理性に反応する政治的市民とみなされる場合、規制当局は厳格な警察官ではなく「政治家」としてふるまうべきであろう。つまりリーガリスティックに規制を執行するのではなく、個々の企業に特有の状況を認識し、問題となっている規制の合理性について被規制企業を説得するよう努めねばならない。また場合によっては規制を一時停止し、妥協し、当該規制の修正を求める必要もあろう。要するに規制当局にとって必要なことは、「市民」の不平に応え

て、リーガリステックな規制から生じた問題に規制を適応させようとする努力である。(5)

しかしながら、企業が規制違反を行っているのは単純に利潤の追求からなのか、もしくはここにいう原理的な反対からなのか、を識別することはそれほど容易なことではない。またそれが識別できたとしても、合理的な規制命令と不合理な規制命令とを区別することも困難であろう。例えばある企業は、あるリスクを過小評価しそのリスクの除去を求める規制を不合理なものとみなすが、それと同じリスクを回避することをある企業は最優先課題としその規制を完全に受け入れているといったことがある。経営に対する態度の多様性やリスクに対する態度の差異が、規制当局に「協力的な」執行戦略を遂行することを難しくするのである。

③ コンサルタントとしての規制執行

規制違反は組織的な欠陥（組織管理上の失敗）によることもある。企業の管理職者が部下を適切に監督することができなかったとか、リスクの判断を誤ったとか、従業員に増大する法（規制）の要求についての情報を与え、そしてそれに注意をはらうようにする組織的なメカニズムを確立することができなかったということである。(6) 企業は法に従う傾向にあるのであるが、潜在的にミスを犯しやすいか組織的に不完全な存在としてイメージされるのである。

このように、被規制企業が規制に従う能力に欠けており規制違反は組織管理上の失敗によるものと考えられている場合、規制当局は概して「コンサルタント」としての役割を果たすべきであろう。規制当局の仕事は、被規制企業における情報的なギャップや組織的な弱点を分析し、将来における遵守を確保する実行可能な技術や経営管理システムを被規制企業に教育することである。

したがってこのような場合にリーガリスティックに法を執行し制裁を課しても、それだけでは効果的な企業犯罪の抑止は望めないであろう。このような前提に立って規制を行うなら、その規制プログラムは強制的な情報の収集とその公表を強調することになる。そしてコンプライアンス・プログラムを確立させ、それを監視する専門職員を企業組織内に配置させることである。

しかし法に違反すると決めた企業のトップは容易にセルフ・モニタリング・システムを回避するであろうし、また規制者と被規制者との閉じた関係も問題となる。[7]そしてより重要なことは、規制当局が直面している技術的に完璧なコンサルタントを養成し確保することの困難さであろう。

以上の規制違反を説明する理論及びそれに応じた規制執行戦略は相互に排他的なものではないので、これら三つの理論からどれか一つだけを選ぶべき理由はない。むしろ、いずれか一つだけの理論に基づいて執行戦略を選択し実行することには問題があるということが以上の考察からうかがえたと思われる。全ての社会的な戦略には長所と短所があるように、ここで取り上げた戦略にもそれぞれにその利点と欠点とがあるのである。したがって、それぞれの戦略をうまく組み合わせて、柔軟にそして有効に企業活動をコントロールできるような戦略を検討していくことが、次に残された課題となる。そこで次節では、そのような戦略の一つのモデルとして、「強制された自主規制（Enforced Self-Regulation)」を取り上げて検討してみたい。

(3)　強制された自主規制（Enforced Self-Regulation）

ここで取り上げる「強制された自主規制（Enforced Self-Regulation）」という執行戦略は、J・ブレイスウェイト［Ayres & Braithwaite, 1992；Braithwaite, 1982］によって示されたモデルである。この強制された自主規制という概念は、ビジネスに対して詳細な規制を政府が課すことから生じる遅延、コストの増大、イノベーションの阻害に対してと、企業の自己規制への素朴な信頼に対しての応答としてのものであり、次の二つの要素から成っている。ⓐ私的に作成されたルールを公的に執行する。ⓑこのようなルールの自主的な執行を公的に委任し監視する。その具体的な内容は以下の通りである。

強制された自主規制のもとで、規制当局は各企業に各企業が直面している固有の状況にそれぞれに適したルールを作成させる。そして規制当局はこれらのルールを承認するか、もしくはそれが不十分なものである場合には修正を命じる(8)。そしてこのルールが規制当局によって承認されれば、当該ルールの違反は犯罪となる。規制当局の執行官がそのルールを執行するというよりも、ほとんどの執行義務とそれにかかるコストを企業に内部化させ、企業に当該企業による独立した執行部門（コンプライアンス・グループ）を設立することを要求する。もし管理職者が違反を直さなかったり勧告に基づいて行動しなかった場合、このコンプライアンス・グループの担当者は当該事実（違反事実）を規制当局に報告するよう要求される。(9) 規制当局の主たる仕事は、この企業内部のコンプライアンス・グループの独立性を確保し、その効率性と厳重さを監督することである。そしてとくにコンプライアンス・グループを無視しているような企業に対して訴追を行うことである。

以上が強制された自主規制の大まかな内容であるが、前節で述べた企業活動規制上の問題点と関連させてこのような強制された自主規制の利点について簡単に述べておこう。

まず、被規制企業自身が作成したルールによって規制が行われるということから、ⓐ各企業に特有の状況や必要性に応じたルールによって規制がなされるという利点が考えられる。例えば2章(2)の②でみたように、規制への遵守がその規制が合理的なものであるかどうかにかかっているというのであれば、企業が自ら法を作成した場合、その法が不合理なものであるとして規制違反を合理化することは企業にとってより困難になるのであるから、企業は自分たちが作成したルールによりコミットするようになるであろう。そしてルールを被規制企業の環境の変化にあわせて迅速に調整することもできる。また統一的なルール（universalistic rules）よりも個々の企業を対象とする固有のルール（particulastic rules）のほうが、よりシンプルでより規制内容が明確になると考えられる。(10)

次に、被規制企業が自らその規制執行を行うということから、ⓑ摘発・立証に関する困難性を低減できるという利点が考えられる。例えば企業内部の執行官は、合理的な疑いを超える立証といったハードルを克服する必要がなく、そして組織内における拡散された責任という問題と格闘する必要もない。

したがって企業自身による規制執行は、多くの点で政府による訴追よりも効率的であるといえるだろう。またこれまでの規制執行（規制当局による直接的な規制）のもとでは責任の所在を示すことは企業にとって不利益であった（したがって企業に自分たちの違反を犯した従業員を隠し保護しようとするインセンティブを与えることになっていた）のに対して、強制された自主規制のもとでは誰がそのような行為を行ったのかを示すことができない企業は取り調べの対象にされるので、責任の所在を明らかにすることにインセンティブを与えることになるのである（逆に、しっかりと従業員を監督するような記録システムを備えた企業は、規制当局に企業内部のコンプライアンス・システムがしっかりと確立されているとみなされることによって優遇されることになる）。したがって規制当局の訴追者にとって、強制された自主規制のもとでのほうが有罪を勝ち取ることがより容易になるといえるであろう。[11]

また、ⓒ強制された自主規制のもとでのほうが、政府による規制よりもより広範囲にわたって包括的に規制することができるであろう。というのも企業が抱えている専門的・技術的な問題については、企業自身のほうが規制当局よりもよく知っているからである。したがってそのような知識やスタッフを動員できる企業のほうが、より広範囲で包括的な規制が可能となると考えることができる。そしてそのことによって、規制当局は2章(3)の③でみたような技術的に完璧なコンサルタントを養成し確保することの困難さという問題を回避することができるのである。そして被規制企業自らが規制執行を行うのであるから、当然に規制当局の執行にかかるコストは削減できることになるであろう。

（3）　この点については、［Braithwaite & Geis, 1982］が簡潔にまとめているので参照されたい。また、［Vaughan, 1983］、［Stone, 1981］参照。

（4）　その他のリーガリスティックな規制執行による逆効果としては、「リーガリスティックな規制執行は、規制の前提となる目的から規制者の意識をそらしてしまう」といったことや、「規制執行に対する被規制者の協力を壊してしまう」といったことが指摘されている。

（5）「市民としての企業理論」から導かれる執行戦略としては、「規制基準の作成を被規制企業内部の責任者へ委任する」といったことや、「自主的遵守（voluntary compliance）の奨励」がある。

（6）　ちょうど個人が社会規範の学習や内面化を失敗するように、企業はその組織内において規制上の要求を学習したり履行する部門や、利益追求的な衝動や従業員の規制への無関心さをチェックする部門を確立できないでいることもあるということである。

（7）　これは、いわゆるキャプチャー理論が指摘している問題点である。キャプチャーや汚職の危険性は、実際、コンサルタント的な執行の重要な限界となるであろう。

（8）　ここで当然に懸念される私的利害に基づくルールの歪曲については、議会が定めた最低基準に照らしてチェックがなされる。

（9）　コンプライアンス部門の責任者に彼らの勧告を受け入れることを拒否された場合に報告を要求することは、管理職者に勧告にしたがわせる圧力となろう。大抵の違反者にとって、コンプライアンス部門の指示に従うコストのほうが、コンプライアンス部門の勧告を拒否した場合に確実にやってくる取り調べや訴追、反対広告と格闘するコストよりも少ないからである。

（10）　企業活動規制にあたっては、その規制対象の多様性と広範囲性が問題となるのであるが、一般に統一的なルールでそれを規制しようとする場合、そのような問題をカバーするためにそのルールはきわめて包括的で一義的に内容が確定しないようなものとなることが多い。したがってその執行にあたって困難がともなうのであるが、強制的な自主規制のもとではそういった問題を回避することができるであろう。

(11)　過去において企業は、外界に対して責任の配分における複雑な絵を示すことによってその個人メンバーが訴追されるのを守ってきたのであるが、[Braithwaite, 1992]における製薬産業についての研究によると、企業は二種類の記録(それは責任の所在を明らかにするためにつくられた企業内部用のものと、罪を覆い隠してしまうために外界用につくられたものである)をもっているのであり、企業がその責任の所在を明らかにしようと思えば、概してそれは可能であるということである。そこで強制的な自主規制は、公共の利益のために企業にこの能力を使うように仕向けるのである。

3　「状況的」犯罪防止戦略の企業活動規制への適用

企業活動の規制にあたっては、直接何らかの基準(ルール)を設定しそれを遵守させることにより企業活動を直接制御しようとする「直接規制」と、何らかのインセンティブを与えそれにより企業活動を間接的に制御しようとする「間接規制」とに、その手法を分類することができる。その意味では、第2章での議論はもっぱら「直接規制」的な手法に関してのものであった。しかしながら企業活動のコントロールにあたっては、「間接規制」的な手法が有効であることが多い。その代表的なものが近年注目されている「経済的手法」と言われるものである。そこで3章では、このような「間接規制」的な手法を犯罪学理論（環境犯罪学理論）に引きつけて分析してみたい。

(1)　犯罪の理論・犯罪性の理論

2章における企業の規制違反についての考察は、従来の犯罪に関する理論的な分析になぞらえて言えば、もっぱら企業の犯罪性（criminality）についてのものであったといえる。つまり企業という行為者に注目し、その行為者の内面に影響を及ぼす社会的要因について考察しようとするものである。これは一般に「犯罪性の理論（Theories of Criminality）」といわれ、社会的な環境によって犯罪行為を説明しようとする伝統的によく確立された社会学理論である。[12]

これに対して、犯罪を「社会的な出来事」とみなし「潜在的な犯罪者が実際に犯罪を行おうとするその状況」に注目するのが、「犯罪の理論（Theories of Crime）」といわれるものである。この理論は犯罪それ自体に注目し、犯罪行為に影響を及ぼす状況的要因について考察しようとするものである。一般に「環境犯罪学」はこの後者の立場に立って犯罪を分析する。[13]

概してこの二つの理論的アプローチを分ける根本的な差異は、前者が主として行為者の犯罪性（criminality）、つまり行為者の内面を扱うのに対して、後者はもっぱら犯罪環境をとりまく状況的要素のみを扱うということである。もちろん後者の理論においても行為者の内面を全く扱わないというわけではないが、そこでは行為者は合理的な計算に基づいて犯罪実行を選択するという前提に立って分析を進め、それ以上は立ち入らないのである。したがってその分析枠組みの性質上、後者の理論は予防的な側面に偏りがちであり、例えば犯罪者の矯正（社会復帰）といった側面についての考察にはそれほど有効ではないと思われる。しかしながら例えば、環境保護政策のようにその予防局面での規制に重点を置くような分野において、また、その規制対象が主として企業の経済活動である場合には、後者の理論（環境犯罪学理論）はより有効であるように思われる。その規制対象が企業の経済活動である場合、その内面（criminality）にとくに立ち入らなくとも十分に分析を進めることができるし、矯正の側面についても伝統的な犯罪を扱う場合のような問題はないように思われるからである。それではこの環境犯罪学理論がどのように犯罪を分析し、そしてどのような犯罪防止戦略を導くのかをみていこう。

前述のとおり、環境犯罪学は犯罪が発生するその「状況（環境）」に注目するのであるが、その際には（とくにルーティン・アクティビティ・アプローチによると）、次の三つの変数、「潜在的な犯罪者」、「適当な標的の存在」、「監視者の不存在」に注目する。そして「この三つが揃ったときに犯罪は発生する」とするのである。つまりこのような一連の直接的な「状況的要素」が、犯罪行動を起こすか否かを決定するとするのである。

したがってここから導かれる犯罪防止戦略は、このような「状況的要素（環境）を操作・管理することによって、犯罪を防止する（犯罪実行をより困難にする）」というものになる。いわゆる従来の犯罪学理論が行為者自身に直接働きかけ（例えば、犯罪行動に関係した社会的環境における要素（家庭／学校／地域社会における教育や福祉的要素）を操作することによって）犯罪者自身を変化させようとするのに対して、環境犯罪学理論は行為者自身に直接働きかけるのではなく、行為者をとりまく環境を操作することによって、実行される犯罪の機会を減少させようとするのであり、その意味でより間接的な規制手法であるといえるであろう。(14)

それでは次に、このような犯罪防止戦略を企業活動規制戦略に適用してみよう。

(2)　企業活動に対する「状況的」犯罪防止戦略

前節で見てきたように、環境犯罪学理論から導かれる犯罪防止戦略は、行為者をとりまく環境（状況的要素）を操作・管理することによって犯罪を防止しようとするものである。では、このような考え方を実際に企業活動規制に取り入れた場合、その状況をどのように分析し、そしてそこからどのような戦略が導かれることになるのであろうか。本節では特に環境保護規制を取り上げて(15)、以上の点についてみていくことにしたい。

それではその操作するべき環境を、状況的要素(「潜在的な犯罪者」、「適当な標的の存在」、「監視者の不存在」）に分けて順に見ていくことにしよう。

まず「潜在的な犯罪者」であるが、環境保護規制の場合、「潜在的な違反者」は、製鉄／製紙／プラスティック／石油／化学／製薬産業等によってつくり出された廃棄物を処理する必要性が増加するのに応じて増加するといえる。そして当該規制（立法）が増加もしくは厳格になればそれだけ増加するといえる。したがってこのような廃棄物を発生段階で減少させることが一つの戦略となる（例えば、技術革新・イノベーションの促進・誘発）。いま一つの戦略は規制をやめるないしは緩和することであるが、現在の状況においては規制の必要性が高まることがあってもその逆はあり得ないので、この戦略は当然に現実的なものではない。したがって「潜在的な違反者」は当面増加するのみであるといえるだろう。

次に「適当な標的の存在」であるが、環境保護規制の場合、大気中／河川／海洋／下水道／土地というように多くの対象が散在している。したがって次に見る「監視者の不存在」と関係するが、実際にこれを完全に制限するのは困難であろう。しかしながら、例えば米国における「包括的環境対処・補償・責任法（Comprehensive Environmental Response, Compensation and Liability Act）――これは有害廃棄物処理用地に関するものであるが――は、このような土地の売買に関係した者に対して遡及的に責任を追及することによって有害廃棄物処理用地をみだりに発生させないようにしようとするものであり、そのような意味で適当な標的（廃棄物処理用地）自体を減少させようとするものとして注目される。

そして「監視者の不存在」であるが、これは2章でも論じたように、実際に監視者を増やし監視を徹底させることには現実的に困難が伴う。また、執行官の技術上の問題やそのような執行官のトレーニングなども問題となる。その意味では、2章(3)で見てきた強制された自主規制が一つの戦略となるといえるであろう。

最後に、これは三つの要素にまたがるものと思われるが、企業がその企業活動を行う環境の枠組みそれ自体をデザインすることにより企業活動を望ましい方向に変化させようという戦略もある。それが近年注目されている「経済的手法」と呼ばれるものであり、その手法の代表的なものとしては、課徴金（排出課徴金／製品課徴金）／補助金／預託金払戻制度（デポジット制）／市場の創造（排出権の設定）／執行のための誘因（達成預託金）がある。(16)

このような経済的手法は、行為主体の経済的利害に働きかけることで行動を変化させることをそのねらいとしている。つまりこのような考え方は、行為主体（潜在的な違反者）は合理的な計算を行う者であり、その計算はある現場での周囲の状況に基づいて行われるという前提の下に組み立てられているのであり、その意味で環境犯罪学理論と同じ枠組みで取り扱えるように思われる。そしてこのような経済的手法はその規制対象を広く取り込むことができ、その規制コストも直接規制よりは安価であるとされる。また個々の企業の事情にあわせて規制できる点で、強制された自主規制と同様に有用であるといえる。

それでは最後に、環境犯罪学理論による戦略の問題点に簡単にふれておきたい。一般に指摘される当該モデルの欠点は、いわゆる犯罪の「移転」の問題である。つまり、犯罪機会を状況的に減少させているだけであって「犯罪傾性」自体は治癒されていないのであるから、犯罪問題は社会レベルからすると解決していないのではないか［守山，1993：125］、という問題である。確かに説得的な指摘であろう。しかしこの点に関しては、規制違反の原因になっている状況を取り除くことにより、当該違反企業に矯正効果をもたらすような規制戦略を適用することによってその解決が望めるものと思われる（例えば、2章(2)で示した②政治家としての規制執行、③コンサルタントとしての規制執行の適用）。要するにこのような環境犯罪学理論による欠点は従来の犯罪学理論によって補えばいいのであって、異なる手法を有効に組み合わせて規制戦略をデザインしていくことが肝要であろう。よく以上の二つの理論的アプローチをさして、「子どもが引き出しから現金やチョコレートを取らないように鍵をかける」のが状況的防止であるのに対して、「機会があっても取らないようになるべく早期に子どもを躾て鍵をかけないですませる」のが社会的防止である、と例えられることがある[17]が、個人を対象とした伝統的な犯罪対策においては後者の方が理想的であり、またこのような例えもそういった意味あいを含んでのものであろう。しかしながら企業活動に伴う環境破壊の規模や不可逆性を考慮するなら、当然に前者のアプローチも実際には必要となってくるのである。したがって重要なことはそれぞれの規制戦略の欠点と利点を十分に検討しながら、より効果的な規制戦略を複合的に構築していくことであろう。

(12)　このような理論は一般に、「なぜある集団が他の集団に比べて犯罪にコミットする傾向にあるのか」を説明しようとする。例えば、緊張理論／差異的接触理論／統制理論等である。
(13)　例えば、[Brantingham & Brantingham, 1981]、[Clarke, 1980]、[Cohen & Felson, 1979]、[Cornish & Clarke, 1986]　参照。
(14)　例えば、2章(2)における②、③の規制執行戦略は、ここにいう前者の理論によるものであるといえるだろう。
(15)　環境保護規制については、例えば、[北村, 1992]、[特集, 1996]　参照。
(16)　例えば、[植田, 1996]　参照。
(17)　この例えは、A. Bottoms によるものであるが、ここでの引用は、[守山, 1993：26]　による。

4　おわりに

以上見てきたように、企業活動のコントロールにおいてその執行戦略には多様なものがある。今後はそのような執行戦略を複合的に組み込んだ規制執行システムが確立される必要があると思われる。そしてそのような規制執行システムを確立していくうえでの一つの指針として、これまでの考察を通じていえることは、概して企業活動に対する規制戦略は、「規制当局による直接的な規制」から「強制された自主規制」および「間接的な規制」へとその重心を移行していくであろうということである。そしてこのことは、「リアクティブな規制」から「プロアクティブな規制」への移行として捉えることができるであろう。結局のところ、このような執行戦略の重心の移行は、企業活動の可視性を高めるための努力、ないしは可視性の低さおよび規制対象の多様性／広範囲性による規制上の困難を回避するための努力であると考えることができる。そして理論的には、その方が「企業活動のコントロール」にあたっては有効であるように思われる。

もちろん以上の結論は理論的な意味でのものであり、あくまでも概観としての域を出るものではない。そこで今後このような執行戦略が、実際に有効であるのか（何に対して、またいかなる条件のときに）、そしてどのようなところにその問題点があるのかといったことについて実証的な研究がなされる必要があろう。さしあたって筆者は、「強制された自主規制」の類似モデルとしてわが国の地方公共団体における「公害防止協定」を取り上げ、以上のような観点から実証的な研究を行いたいと考えている。そういった意味で非常に大雑把な考察ではあるが、本稿はそのための準備作業として位置づけていただければ幸いである。

第四部　企業活動規制における刑事制裁の機能

1　はじめに

企業活動規制において、「なぜ刑事制裁が必要とされるのか?」。このような問いに対しては、「企業の問題行動（企業活動に伴う違法行為）を効果的に防止するため」というのが一般的な回答であろう。企業の問題行動が引き起こす有害結果の重大性からか、そこではその「抑止効果」／「犯罪防止目的」が当然の前提とされているのである。したがって「なぜ必要とされるのか」について議論されることはほとんどなく、そこから一歩進めて、「いかに適用すべきか」といった解釈論的検討や、当該企業への効果／インパクトについて「それが十分なものとなっているか」、「他の制裁措置のほうがダメージが大きいのではないか」といったことが議論の中心となる。しかしこの前提には様々な問題がある。まずはそのあたりを検討してみる必要があろう。そしてその前提とされている目的が妥当でないなら、それにかわる目的とはどのようなものであろうか。刑事制裁は、国家の制度的施策である以上、そこには何らかの合理的な目的が必要とされるのである。そのようなことを考察してみようとするのが本稿の課題である。ここでの議論は、従来、伝統的になされてきた「刑罰の本質とは」／「刑罰の正当化原理とは」といった哲学的なものではなく、より経験的なレベルで、「刑罰の目的は何か」そしてその目的の下に「どのような機能を果たしているのか」を問い、それによって何らかの施策（刑罰／その他の手段による規制）を考える際に基礎となる資料を提供することを目的としている。具体的には、企業活動をコントロールする際に適用される刑事制裁の機能を、その「抑止効果」という視角からではなく、「法執行（刑罰賦課）の社会的意義」という視角から分析してみたい。

以下では、まず刑事制裁の目的を犯罪防止と考えた場合の問題点／矛盾点を整理し（２章）、事後的な規制手段であるという性質から刑事制裁の目的／機能について考察する（３章）。次にそのような目的／機能を企業活動規制の場に当てはめて検討し（４章）、以上の結論に関する問題点にふれて結びとしたい（５章）。

２　抑止手段としての刑事制裁（犯罪防止目的の問題点）

それでは、刑事制裁の目的を「犯罪の防止」と考えた場合の問題点／矛盾点について見ていくことにしよう。

まずその実態面であるが、目的を犯罪防止と考えた場合、刑事制裁にはその抑止効果が期待される。しかし果たして現状でどれほどの効果があるのかは疑問である。例えばその執行パターンについていえば、常識的には、一貫した厳格な運用によってこそ刑事制裁の抑止効果も期待できるものと思われるが、企業活動規制における現実の運用は必ずしもそのようにはなっていない。ここでは例としてカルテルをあげるが、数年前に公正取引委員会がその規制にあたって積極的に刑事制裁を活用していくとの方針を示したものの、それ以後実際に刑事訴追が行われた事件はわずかに数件を数えるのみである。(1) もちろん、規制対象となるカルテル自体が発生していないのであればそれも当然のことであるが、行政的規制の対象となるカルテル件数を見る限り必ずしもそうとはいえない。カルテルに関して言えば、一貫した厳格な運用というよりも一罰百戒的な散発的運用がなされているようであり、そのような運用が現実にどれほどの抑止効果をもたらすかは疑問である。

また刑事制裁は最も厳しいサンクションであるといわれるが、企業活動規制分野では必ずしもそうではない。周知のように、その罰金額の低さについてはたびたび指摘されるところである。例えばカルテル規制の場合、課される金額だけに限っていえば、刑事制裁による罰金よりも行政的規制措置である課徴金のほうがはるかに厳しいものとなる。ふつう企業活動規制の分野においては、刑事制裁の他に種々の行政的規制措置が用意されているが（例えば、法人の解散命令／許認可及び登録の取消／営業停止／入札指名・参加停止処分／立ち入り検査／業務改善命令／排除措置／勧告／警告／違反企業の公表／課徴金／行政指導)、当該企業への経済的損失だけを考えるのであれば、前述の課徴金や解散命令／営業停止等の行政的規制措置のほうが刑事制裁よりもはるかに大きいと思われる。(2)

したがって、与える損失が大きければ大きいほど抑止効果があると考えるのであれば、現在のところ、刑事制裁よりも行政的規制措置に期待するほうが合理的であろう。一〇〇万円以下／三〇万円以下といった罰金よりも、場合によっては数億円単位となる課徴金のほうが抑止効果が期待できそうである。それでは、罰金額をそれなりの経済的損失をもたらすぐらいに引き上げてみてはどうだろうか。罰金額引き上げ自体にも理論的な問題点はあるが、ここで注意を要するのは、当該行為者に与えるダメージ（経済的損失）／潜在的行為者に与えるインパクト（威嚇効果）が必ずしも行為者の将来における行為を変更するとはかぎらないということである。通常、企業活動は合理的な計算に基づくものであるから、何らかの負のサンクションが予定されていれば、それを避けて行動するであろうという考え方は、一般に受け入れられやすいものとなっている。しかし、現実にそのような因果関係があるかどうかについて証明されていない以上、そのような前提のみに基づいて制度を構築していくことには問題がある。(3) したがって、行政的規制措置以上のインパクトをもった刑事制裁を用意すれば、刑事制裁に抑止効果を期待できるとする考え方には根本的な問題があるであろう。

罰則を置くだけで、実質的な問題解決努力を行わないことの不当性については、しばしば指摘されるとおりであり、企業活動を実質的にコントロールしていくためには、事前の実質的な防止活動や事後の再発防止措置等を含めて考えていく必要がある。(4) その意味でも、効果的な抑止においては、種々の規制手段を備えた行政的規制によるほうが合理的であろう。(5) 常識的には、一貫した厳格な運用によってこそ刑事制裁の抑止効果も期待できると思われるが、散発的な運用としかもそのほとんどが低額の罰金を科されるのみであることを前提とするなら、そこに抑止効果を期待することは経験的にも無理がある。またそのような罰金額と運用を前提に、規制当局自体その抑止効果を法執行の目的としているとも考えにくいであろう。

次に、刑事制裁の目的を犯罪防止とした場合の理論的な問題点についてみていこう。

「学説においては、主として経済法規その他の行政法規に閉じ込められていた法人処罰を刑法典の犯罪にも拡大すべきとする立法論が有力に主張されている[神山, 1996：273]。」、「法人犯罪の立証の簡易化と法人処罰の拡大をねらった新しい理論も台頭している[神山, 1996：273]。」との指摘に見られるように、抑止効果への期待は、刑事制裁の適用（範囲／量）の拡大化への誘因としてはたらく危険性を常にもっている。このような考え方の背後には、「企業活動にともなう違法行為を抑止するためには現行の罰金額／刑事的対応では不十分である」との認識があると思われるが、どの程度の刑罰量をもってすれば抑止効果があるといえるのか、また、そもそものような効果が存在するのかについては、今のところ未定である。このように刑事制裁の効果について十分な実証的データのない状況では、絶えず刑事制裁の拡大を求める常識論が台頭することとなる。つまるところ、日常的な常識や治安感覚を支えに、今ある刑罰を重くすることによって犯罪防止が求められるのである。このような観点からは、罪刑の均衡といった要請は必ずしもでてこない。確実で重い刑罰ほど大きな威嚇力を持つことからは、実際に行われた犯罪の重大さと将来の犯罪の防止に向けた刑罰とを均衡させることには何の目的合理性もないであろう。現実にも、証券取引法／独占禁止法／不正競争防止法の分野では、罰金額の連動を切り離し、法人ないし事業主の罰金額が何十倍ないし何百倍と引き上げられたが、そのような刑罰量や同一行為に対する違反実行者と法人／事業主との罰金額の差異を責任主義の観点から理路整然と説明することは困難であるように思われる。

また犯罪防止目的のための刑事制裁の使用という観点からは、その目的にとって有用である、つまり抑止効果がありさえすれば、必ずしもその手段的特質を厳格に問うことなく刑事制裁の使用を認めることにもなりかねない。「法人犯罪の立証の簡易化」を目指した理論にも伺えるように、犯罪防止目的には、刑事制裁の適用に関する制約を緩和する方向へと導く危険性が潜んでいる。またそのような目的合理性の観点からは、その処罰を当該行為者のみに限定する必然性もない。むしろ、当該行為の抑止にとって効果的な処罰対象者を適宜に選び出して処罰するほうが効果的であろう。このような側面は、刑事制裁の制約原理として認められた責任主義に抵触するし、人権保障の観点からも当然に問題となる。

刑事制裁は、国家の制度的施策であるということから、また、その対象となる者にとって重大な不利益であるという性格から、それを科す以上は何らかの社会的に望ましい目的が必要とされる。かくして通常は、犯罪防止がその目的とされるのであるが、そのような目的はあまりに強力であり、そこから導かれるものは、前述のように、これまで営々として築かれてきた行為者への人権保障・刑罰的害悪の緩和といった望ましい傾向からの逆行となるのである。このように、刑事制裁の目的を犯罪の防止と考えた場合、その目的合理性と人権保障・責任主義との間にある本質的な問題点は取り去ることはできないのではないだろうか(6)。確かに、罪刑法定主義や行為責任主義といった制約原理を、目的追求に対するコストとしての一般的な制約や、単に制度目的に外在する人権保障原則の尊重に帰することも可能であろう。しかし、犯罪行為の存在を前提にし、その重大さと刑罰の重さとの均衡を要請する体制が、人権保障のための単なる外在的制約であるとは考えにくい[吉岡, 1997：10]。刑事政策的考慮が、その限界性の認識から保安処分を構想したことに窺われるように、刑事制裁には過去の犯罪行為を前提とするという本質規定がつきまとうのであり[吉岡, 1997：9]、このような応報（過去の犯罪行為を前提とする）を手段的本質とせざるを得ない刑事制裁を、積極的に犯罪を防止するための手段として使おうとするところにそもそも問題があるように思われる。

前述のとおり、抑止効果を望むのであれば、刑事制裁のような事後的規制よりもその他の事前的規制のほうが効果的であろう。一罰百戒的な応報刑による犯罪行為の抑止が現実性をもたないこと、犯罪増加に対処し得ないことは、新派・近代学派の特別予防主義による古典派・旧派に対する批判の中心的論点でもあったのである[吉岡, 1997：21]。そして、近年注目されている環境犯罪学による犯罪防止手法や環境規制分野における経済的手法などにみられるように、違法行為の防止活動は事後的な刑事制裁(犯人処罰)とは無関係にも行いうる。(7) 何らかの有害行為を発生させるような事態について、その真の解決を考えるのであれば、その出現メカニズムや関連要因を探り、それに介入することによって事態の発生自体を抑えることが必要であろう。刑事制裁には、犯罪防止目的とは別に独自の目的があるはずであり、そのような目的としては、罪刑法定主義／行為責任主義等の諸原則下に成立するいわば手段としての刑事制裁の性格そのものから無理なく導き出されるものを率直に認めることが必要なのではないだろうか。過去の犯行に対する害悪賦課を本質とする刑事制裁にとって、将来の犯罪予防は荷が重すぎるのである。

(1)　この点については、拙稿［松原, 1996］（本書第二部）参照。
(2)　例えば、最近、証券取引法五四条違反による六週間の停止処分／損失補填問題による大手証券会社の法人部門の一から四週間の営業自粛の行政指導／入札談合事件における入札停止処分・指名停止処分・営業停止処分といった規制措置がとられており、企業にとってかなりの損失を及ぼしているといわれている［神山, 1996：295］。
(3)　例えば企業活動に限って言えば、企業が違法な行動を行う場合、その原因としては種々のものが考えられるのであり(例えば組織上の欠陥や規制内容自体の不合理性)、そのことを前提とするなら、それに対して処罰を加えるのみで行動を変化させることが可能であるかは、経験的に疑問である。

（4） この点については、拙稿[松原, 1997]（本書第三部）、[松原, 1998]（本書[補論]）、[松原, 1999]参照。

（5）「刑罰だけに目を奪われることなく、新たな視点から法人の逸脱行為の抑止を考えていくことも必要であろう。その一つは行政処分の再検討である[神山, 1996：295]。」、「経済活動に関する行政上のコントロール・システムが網の目のように張り巡らされている我が国の経済法規の下では、今一度、許可や登録の取り消し、営業停止処分、その他の行政処分の権限を有する主務官庁の役割を見直す必要がある［神山, 1996：296]。」との指摘がある。

（6） 一般に目的が手段を正当化するかは疑問視されるが、犯罪防止という目的は、刑罰手段の膨張につながりがちである。現実にも目的刑なかんずく刑罰の害悪性に鈍感な教育刑主義などでは、責任主義ひいては罪刑法定主義による歯止めさえ不要とされたのである［吉岡, 1997：9］。

（7） 科学的に犯罪者・犯罪行為・犯罪現象を研究し、犯罪学的知見に基づいて犯罪予防を考えていく立場からは、発生した犯罪に対して事後的に行われるにすぎない刑罰を犯罪予防に使おうという発想は本来はでてこないものである［吉岡, 1997：21]。

3　事後的対応としての刑事制裁（その機能と目的）

それでは、刑事制裁の性格とはどのようなものであろうか。刑罰については、大きく分けて、「犯罪がそこで現実に行われたから刑罰がある」という考え方と、「犯罪が行われないようにするために刑罰がある」という二つの考え方があると思われる。犯罪防止を刑事制裁の目的とする考え方が後者であるが、犯罪防止策には種々の手段が考えられ、刑事制裁もこのような手段の一つにすぎないこと、しかも刑事制裁には種々の制約（罪刑法定主義／行為責任主義等）が課せられていること、そしてその制約の具体的内容を考慮するなら、刑罰の性格については前者の方向で考えていくべきではないだろうか。つまり刑罰の性格としては、その目的自体よりも、手段的特質としての、過去の犯罪行為に対しそれに見合うものとして科される害悪賦課である点を強調すべきであろう［吉岡，1997：143］。刑罰は、犯罪を犯したことを理由として、その行為者に課される不利益であり、彼に、彼が引き起こした有害事態に見合うものとしての苦痛（不利益）を加えるという点で、その他の手段と根本的に異なるものと思われる。

それでは、そのような刑事制裁に本来ふさわしい目的とはどのようなものであろうか。過去の犯罪行為の存在を科刑の前提とするという刑罰の基本的性格に着目すれば、当該犯罪行為を契機に生じた問題を処理するために犯人に科せられる害悪としての刑罰という捉え方が可能となる［吉岡，1984：210］。そこからは，起こってしまった出来事を事後的に処理するという考え方，つまり有害事態（犯罪とされる有害行為とそれによって引き起こされた望ましくない事態）の事後処理が刑事制裁の目的として導かれる。それは出来事の処理の仕方の一種であり，有害な行為に対する社会の側からの反応（社会的反作用）の一つである。そうすることによって，不幸にも生じてしまった犯罪事態に決着をつけるのである。行為に対する害悪賦課を本質とするという性格から，また，犯罪の発生を待って事態の解明と犯人の特定を開始するという事後的対応としての性格からは，犯罪処理（過去に生じた犯罪を処理すること）をその目的とすることが，刑事制裁にとって最もなじみ易いものであると思われる。そしてそのような目的を制度目的として認めることが，罪刑法定主義／行為責任主義等と最もよく調和しうるのではないだろうか。

それでは，なぜそのような刑事制裁が必要とされるのであろうか（なぜ好ましからぬ行為をした者に，それを理由として刑罰という不利益を課すことが必要だと考えられるのか）。この問いは，刑事制裁の機能とも関係するが，ルールを破り，社会的に有害な行為をなした者は一定の不利益を受けるという体制の存在が，われわれの共同生活にとって必要とされているからではないだろうか。犯罪とされる有害事態によって引き起こされた心理的動揺を鎮め，犯人とその周囲の者が互いの共同性を回復するための手段／条件として刑事制裁が必要とされるのである。そしてその前提には，日常われわれがよく耳にする「それでは世論がおさまらない」「世間が納得しない」といったフレーズが示すように、応報を加えねば止まない人心が存在するものと思われる(「応報感情の充足」)。その意味では、被害者に対して福祉的援助を行う被害者補償制度や、生じた被害の回復／補填のための保険制度と民法上の不法行為制度が財産的(経済的)処理を行うものであるのに対して、刑事制度は、犯人の特定を含めて犯行の状況を明らかにし、犯人を処罰することによって、犯罪の心理的な事後処理を行うものといえよう。被害者は、再び被害を受けないことに役立つかどうかは別として、ともかく犯人に鉄槌を下さねば止まない気持ちを抱くことが多く、同様に一般人も、こうした被害感情を是とし、犯人がその犯した犯罪にふさわしい罰を受けるのを当然とする。こうした感情は非合理的なものとして排斥されるべきものと考えられるかもしれないが、裁判の実際においては、このような被害感情／社会感情が、量刑の理由として極めて頻繁に現れるのである［所, 1994：23］。「悪行には不利益を」というのが厳然と存在するわれわれの思考枠組みであり、自己の行為についての責任を負うことは、われわれが社会生活をおくる上での必要不可欠の基本的ルールであろう。このように考えれば、たとえ将来の犯罪を防止する効果はなくとも、刑罰を科すことで犯罪を処理すること自体に社会的意義があることが理解されよう。

それでは以上のように設定された目的(犯罪の事後処理)の下で、刑事制裁が果たす機能にはどのようなものがあるのであろうか。以下、順にみていくことにしよう。

〈処罰欲求抑制機能〉

犯罪とされる有害事態は、場合によっては、当該犯人の抹殺にまで至りうる激しい情緒的反発を引き起こす。このような激情に基づく破壊的作用を私的な復讐／制裁に委ねる形で放置するのではなく、制度的ルーティンを通して抑制し、なるべく少ない害悪賦課ですませるところに刑事制裁の一つの機能がある。犯人も社会の構成員の一人であり、彼に加えられる不利益は社会の被る不利益でもあると考えるなら、そのような不利益は最小限のものにすることが望ましい。その意味で、刑事制裁には社会的コスト（犠牲）を最小にするという機能があるといえよう。(8) 刑事制裁（刑事制度）の存在は、犯罪とされる有害事態の処理にあたっては、刑事制裁による処理が原則であることを示す意味を持ち、そこからは、それ以外の私的な復讐／制裁が禁じられることとなる。そして最大限は、刑法に定められた刑罰量の枠内で処理することが要請されるのである。

〈意味付与／確認機能〉

刑事制裁には、起こってしまった出来事の意味を確定する機能がある。それは、当該行為の具体的内容（誰によって何がなされたのか）の解明と、そのような行為に「犯罪」というカテゴリーを付与することによってなされる。「犯罪」は、行為に対して一定の評価・判断を下す概念（ラベル）であり、「社会にとって有害なもの」であるとか、「してはならないこと」といった否定的評価を含むものである。

また刑事制度レベルでは、刑罰に値する（刑法によって規定され刑罰が科される）とされる行為が「犯罪」である。このような「犯罪」というカテゴリーを特定の行為に付与することによって、当該行為は犯罪であること、そして当該行為を行った場合には刑罰が科されることが確認される。このような機能には、理解不能な事態を有意味的に構成するといった作用とともに、そのような社会的意味（ある行為が犯罪であるとすること）を生成する枠組みそれ自体（特定の価値へのコミットメント）を支持する作用もある。

〈心理的情緒安定機能〉

犯罪とされる有害事態は、被害者を中心とした一定範囲の人々に心理的動揺をもたらす。それは、犯人への怒り／情緒的反発や有害事態への恐れ／不安感から生じるものである。このような心理的動揺を鎮めるために刑事制裁が必要とされる。つまり、犯罪行為に責任を負う者に一定の害悪を加えることにより、犯罪によって引き起こされた情緒的反発を鎮めるのである。これは広い意味での応報感情の充足といえよう。またこのような応報感情の充足だけでなく、犯罪がしかるべき手続きを踏んできちんと処理されることによりそれが放置されていないこと、事態が解明されることによって当該有害事態によって引き起こされた漠たる不安が軽減されるという効果も考えられる。このように、刑事制裁による犯罪処理は、犯罪によって引き起こされた心理的動揺を鎮めることにより、当該行為によって乱された一定範囲の人々が共同生活を営むのに必要な情緒的安定を再びもたらすものとして機能する。

以上が、刑事制裁の目的を有害事態の事後処理（犯罪処理）と考えた場合に、刑事制裁が果たす機能である。それでは次章において、このような刑事制裁の一般的な目的／機能を前提として、企業活動規制の場において刑事制裁の果たす役割について検討していくことにしよう。

（8）このような観点からは、刑事制裁は必要悪そのものであり、刑罰的害悪はなるべく少ないほうが望ましいとされよう。

4　企業活動規制における刑事制裁の役割

企業活動規制に対する関心の大部分は、企業活動によって引き起こされる被害の重大性を出発点としている。そのため、その予防／統制への関心が強く、企業活動規制の場において、刑事制裁にもその抑止効果が期待される。しかし前述の通り、犯罪防止をその目的とすることには、経験的にも理論的にも問題がある。企業活動に伴う違法行為は、その組織上の欠陥や、規制内容自体の不合理性が原因となっている場合もあり、そのような場合にいくら刑罰を科してみてもいかなる効果があるのかは疑問である。また経済的損失だけを考えるのであれば、課徴金や解散命令等の行政処分のほうが低額の罰金よりも厳しいものとなる。したがって実際面での効果的な防止策を考えるのであれば、刑事制裁以外の規制手段によるほうが合理的であろう。事後的に犯人を処罰するにすぎない刑事制裁に、犯罪の防止を期待するところに無理があるのである。

それでは企業活動規制において、刑事制裁に期待される役割とはどのようなものであろうか。有害事態の対応においては、そのような事態が起こらないようにすることとともに、何が行われたかを明らかにし、場合によっては行為者に責任をとってもらうことも必要である。同様に、企業の問題行動に対しても、事前の予防とともに事後処理も必要であり、刑事制裁は、現に生じた被害の回復などとともに、この事後処理に仕えるものと思われる。その内容は、事態の解明と、責任を負う者に害悪を課することによって責任をとってもらうこと（事態の解明／刑事責任の追及・処罰）であり、起こってしまった出来事を犯罪として処理するところに刑事制裁の役割があるといえよう。そしてそのことから、「そのような事態が放置されていないこと」、「そのような事態が犯罪として解明されること（意味付与による理解）」、「責任を負う者に害悪が課されること（応報感情の充足）」によって、当該事態によって引き起こされた不安感／心理的動揺／情緒的反発などが解消され、よって（共同生活に必要とされる）心理的安定が回復されるのである。

このように考えれば、抑止(犯罪防止)の側面からは合理的とは思われない刑事制裁の一罰百戒的な散発的運用も、それなりに意味を持ってくるであろう。(9) また事後処理の観点からは、実質的な行為者であると認められるかぎり、行為者は企業組織/個人のどちらでもかまわない。当該犯罪が、会社・企業といった組織体が行ったものと認められる状況である限り、その組織自体を行為者として事後処理を図ることはそれなりの合理性を持つのであり、必ずしも実行行為者やその責任者といったような個人を処罰する必要はない。したがって、抑止の観点からいわれる両罰/三罰規定等の理論的問題を持ち込む必要もない。(10)

このように、企業活動規制の場においても、起こってしまった出来事を犯罪として処理するところに刑事制裁の目的/機能があると思われる。そしてこの犯罪として処理するという側面が、企業活動規制においてとくに刑事制裁に期待される役割でもある。つまり、「当該行為(ある特定の企業活動)を犯罪として捉えること」それ自体に重要な社会的意義(対策的意味)があるのである。企業の問題行動への対応には、行政的規制手段による対応/民事的規制手段による対応/非法的対応等種々のものがある。刑事制裁はそのうちの一つであり、刑事制裁による対応をその他の手段と区別するのは、刑事制裁は、「われわれの社会では当該行為を犯罪として扱う」、つまり「当該行為は犯罪であるということを公式/公的に宣言し確認する」というところにある。それは、当該行為に「犯罪」という概念(ラベル)に結びついたイメージ/烙印を付与することであり、当該行為を「殺人」「窃盗」といった行為と同様に、われわれに情緒的反発／怒りを引き起こすものとして扱うということである。このようにして、当該行為に対する規範的評価／道徳的評価を示すところに刑事制裁の役割がある。

この意味で、企業活動規制においては、〈意味付与／確認機能〉が大きな役割を果たすものとしてクローズアップされてくるのであるが、このことは企業犯罪の特徴と関係する。「殺人」「窃盗」といったいわば伝統的な犯罪については、われわれの規範的／道徳的評価はすでにできあがっている。われわれはそのような行為に強い怒りを感じるし、そのような行為によって心理的動揺／情緒的反発が引き起こされもする。他方で、企業活動によっても伝統的犯罪と同程度に有害な事態（強い怒りや情緒的反発を引き起こすような事態）が起こることもある。従来、企業による問題行動について、われわれは伝統的な犯罪と同一視し得るものとしての認識を持っていなかったかもしれない。それには種々の説明がなされているが（例えば、正当に認められた企業がそのようなことは行わないという意識、伝統的な犯罪者イメージと異なる、行為主体たる事業家たちの社会的身分が高い、企業による問題行動とそれによって引き起こされる有害事態は社会生活上正当な目的のためになされる行為が濫用されたものにすぎないという認識）、すくなくとも現在では、企業の問題行動への認識も高まり、伝統的な犯罪と同様にわれわれの社会生活に重大な被害をもたらすものであるとの認識も定着してきている。例えば、労働災害／欠陥商品による事故／薬害／ビル火災等の人為的災害による生命／身体への直接的な侵害を犯罪として認識することにとくに問題はないと思われる。その意味では、多数の生命／身体への侵害といった重大な事態は、それが企業活動によるものであっても、われわれはそこに伝統的な犯罪に対するのと同じような情緒的反発／心理的動揺を引き起こすのであり、そのような場合に、それが放置されるのではなく犯罪として処理されることを必要とする。そしてそうすることにより、心理的解決がもたらされるものと思われる。犯罪概念は、人々の間で強い情緒的反発／心理的動揺を引き起こす有害行為を、それは犯罪だとすることによって当該行為の規範的／道徳的内容を明確にし、彼らの反発に根拠を与えるとともに、また、はっきりとした根拠規定をすることで漠たる不安に基づく動揺を鎮める機能をもつのである。

また企業の問題行動は、生命／身体／財産への侵害といった具体的なものだけでなく、社会生活の秩序の一つの根幹である信頼性を傷つけたり、一部の者だけに不当な恩恵を与え不平等をもたらすこともある。この点はすでにサザランドが強調したことであるが、「ホワイトカラー犯罪によるこの金銭的損失も大きいけれども、これは、社会関係に及ぼす損害に較べると、重要ではない。ホワイトカラー犯罪は、信頼を破り、従って不信の念を生む。このことが社会の風紀を低下させ、社会解体をもたらす［Sutherland, 1955 : 12］。」とされる。例えば、株式投資において不正な取引や一部の顧客だけを優遇することが陰で行われていては、一般の投資家の意欲は失われるし、企業によってなされる粗悪品の製造や不当表示は、企業の生産活動に多くを依存しているわれわれの社会生活に不安感を生じさせる。また、賄賂や談合等によってなされた割高な公共物の受注契約は、公的システムへの不信感を高める。このように、企業の問題行動に関して重要な点は、その生命／身体／財産への侵害だけでなく、こうした行為がわれわれの社会生活の基礎をなす社会制度への信頼基盤そのものを掘り崩す危険性を有していることである。したがってそのような行為を、それは犯罪であるとして規範的／道徳的評価を明らかにしておくことには、当該行為の防止を離れても有用な機能があるといえるであろう。企業の問題行動によって引き起こされる事態を「重大な侵害」であると認識し、それを示すことが重要であり、そしてそのような機能が必要とされるのである。

ただしあらゆる行為について、その行為を刑事制裁の対象とすれば、それが自動的に犯罪となるわけではない。デュルケームも言うように、刑事制裁はそれ自身によって道徳的権威をつくり出すことはできない。逆に刑事制裁は、権威はすでに存在しそれが破られたことを示しているのである。そのような権威や道徳的な感覚の創造は、家庭や学校、その他社会全体における道徳的訓練やインスピレーションの仕事であり、刑事制裁は、他の手段によってすでに十分に作り上げられたものを保護し再生産することができるだけである[Garland, 1990：42]。コンセンサスの低い分野で刑事制裁を用いることの危険性についてはたびたび指摘されるとおりであるし、あらゆる行為に「犯罪」という概念（ラベル）を適用することは、そのような概念内容を拡散させてしまい、ついには当該概念が持つもともとのイメージ／烙印を失わせることにもなる。したがって犯罪とされる行為は、われわれが「犯罪」という概念に対して持つイメージに見合うものでなければならない。このことは、どのレベルまでを刑事制裁の対象とするのかという問題と関係する。

サザランドの問題提起以後、企業犯罪が果たして犯罪といえるのかが問題とされたように、どの範囲の企業の問題行動を犯罪とみるのか、あるいは、刑事制裁以外の行政的／民事的規制手段の対象にするのかなどは、今日においても社会的対応をめぐる重要な検討課題である。おそらく、労働災害／欠陥商品による事故／薬害／ビル火災等の人為的災害による生命／身体への直接的な侵害を、犯罪として扱うことに問題はないであろう。しかし他方で、カルテルのような経済犯罪のように、被害は大きいが財産的侵害に限られるもの、そして、その被害も拡散され個人的な被害は少なく特定の被害者がいないものや、環境汚染といった環境犯罪のように、当該行為が継続／反復された場合に被害が甚大となるが、その当該対象となる行為そのものについてはそれほど被害が大きくなく単なる規制違反とみなされるといったような場合に、これを犯罪として扱うかどうかについては微妙なものとなる。このあたりが、伝統的犯罪と比較して企業活動規制分野においてもっとも問題となるところであるが、このような問題を考えるにあたっては、犯罪とされる行為の形式的な類型と、その中で実際に刑事制裁の対象となる行為とを分けて考えることが有益であろう。つまり、形式的にはカルテル／企業活動による環境汚染行為は犯罪であるとされていても、実際にすべての行為に対して刑罰が科されるわけではない。従来もそのような行為の中で、重大な被害を及ぼすような突出した行為(情緒的反発や心理的動揺を引き起こす行為)に対してのみ刑罰が科されてきたのである。当該行為の抑止という観点からは、そのような意味での選択的法執行は必要ないのかもしれず、より前倒し的／事前的に刑事制裁の対象とするほうが効果的であるかもしれないが、有害な事態の発生を待ってその処理にあたる犯罪の事後処理としての刑事制裁の観点からは、重大な事態（生命／身体／財産等への侵害）が生じた場合や当該事態が重大であると認識された場合にはじめて、当該行為を犯罪として処理すれば十分であり、そうするところに事後的対応としてのその本来の役割がある。

そして、そのようにして特定の有害事態を犯罪として処理することによって、当該企業行動（カルテル／環境汚染行為一般）の規範的／道徳的評価が示され確認される。それは、ある重大な事態を引き起こした突出した行為が刑事制裁によって処理されることにより、通常では被害が拡散されているために、また個々の行為とそれによって引き起こされる結果自体はあまり重大でないために、人々の反動をそれほど惹起することがなくても、それと同種の行為が反復／継続された場合、また全体としてより大きな社会的文脈でみた場合に、われわれの社会にとって当該行為は有害なものとなるということを示すのである。このようにして、企業活動に関連してわれわれが「犯罪的だ」と感じるような行為がきちっと訴追され、適切に処理されることによって、当該行為に対する拡散された関心／心配／情緒の焦点が形成される。その意味では、刑事制裁の〈意味付与／確認機能〉は、特定の突出した具体的行為を、それと同種の行為一般と結びつけて考える一つのきっかけとして作用する。そうすることにより、われわれの社会生活の基礎となる社会制度への信頼感を保護するものと思われる。そしてもちろんそのようなことも含めて、どのような行為を犯罪とするのか(犯罪とされる形式的な行為類型／その中で実際に刑事制裁の対象とされる行為)については、われわれのすでにある社会認識／価値観を前提としなければならない。経済犯罪や環境犯罪に関して言えば、「われわれの社会において、自由な競争や公正さ、また、自然との調和や環境といった価値が重要なものとして認識されているか否か、それへの侵害をどの程度のものと考えているのか」が、それである。そしてそのことを前提として、「当該行為の処理にあたってわれわれは刑事制裁を望むか否か」といった視点から、「当該行為を犯罪とするか否か」の判断がなされるべきである。それ（ある種の企業の行動を「犯罪」と称するための決定）は、究極的には、道徳的内容を伴う一つの政治的決定である。

(9)　もちろん、このことは法執行機関の選択的法執行／裁量権の恣意的濫用を認めるものではない。包括的な構成要件は問題であるし、ほとんど適用されることのない罰則規定は、事後処理の観点からも整理／廃止されることが要請される。

(10)　抑止の観点からは、組織の末端における実行行為者よりも組織の（上層部における）意思決定過程において強い影響力を持つ者（取締役等）に制裁を科すことが有効であることや、またそれだけでなく、企業組織それ自体にも制裁を科すことが主張されるが、二重処罰等の理論的問題があるであろう。

5　おわりに

以上述べてきたように、刑事制裁の性格、及びそこから導かれる種々の制約原理を前提とするなら、犯罪の事後処理をその目的とすることが、刑事制裁にとってもっとも適切かつ妥当なものであると思われる。そしてその目的のもとに、刑事制裁は、〈処罰欲求抑制機能〉、〈意味付与／確認機能〉、〈心理的情緒安定機能〉といった機能を果たす。このことは企業活動規制の場においても同様である。有害な事態の発生に対しては、そのような事態を引き起こすような行為の防止策が必要とされるとともに、それとは別に、当該行為を犯罪であると示し、当該行為に責任を有するものに刑罰を科することによって責任をとってもらうという体制が、われわれの社会生活において(その存続／維持の観点から)必要とされるのであり、それは企業活動規制の場においても例外ではない。ただ企業活動規制においては、その行為の性格から、〈意味付与／確認機能〉がその果たすべき役割としてとくに顕著に現れることとなる。

このような結論は、企業活動規制の場において、刑事制裁の〈意味付与／確認機能〉を積極的に活用すべきであるとの主張につながるものではない。刑事制裁に規範意識／倫理感覚の形成機能なるものを期待する議論もあり、そこでは、そのような機能を有害行為の防止と結びつけて議論することが多いようであるが、ここでの主旨はそれとは異なる。特定の行為／事態に、犯罪であるとの規範的評価／社会的意味を付与することは、必ずしも当該行為の抑止的関心と結びつくものではない。それは抑止の観点とは区別して考えることができるものであり、むしろそうすべきものであろう。事後処理の観点からいう刑事制裁の〈意味付与／確認機能〉は、犯人を処罰することにより、犯罪とされる行為によって生じた怒りや情緒的反発を鎮めるとともに、何がなされたのかを明かにすることにより、漠たる不安感や心理的動揺を解決するものである。それと同様に、企業の問題行動による場合も、それによって生じた有害事態を犯罪として処理することによって、それに対する怒り／情緒的反発を鎮めるとともに、当該行為が犯罪であることを明確にし、当該行為によって傷つけられたわれわれの社会制度に対する信頼感を回復させるものである。われわれの社会生活の基盤となる社会制度への侵害を構成するような行為が、法律上犯罪とされているものの、現実の社会においてはそれが蔓延しているという感覚を持つ場合に、時として突出した行為が処罰されることによって、当該行為が放置されているわけではないこと、やはり当該行為はわれわれの社会にとって有害なものであること、そしてわれわれのよってたつ社会制度は公正に運用されているのだと示されることが、われわれの心理的側面において重要であると思われる。そしてこのことは、犯罪防止目的を離れても、社会的に有益な機能として必要とされるものであろう。

5　おわりに

ただしこのような目的／機能にも副作用はある。犯罪ラベルの逆機能がその一つである。これは目的を事後処理と考えた場合に固有のものではないが、当該行為が法によって犯罪として規定されているが故に、そうでなければマイナーな出来事として見過ごされたり、インフォーマルに処理されたりするものが、公式に法執行の対象とされ、人々の関心を集める結果となり、被規制者に必要以上のスティグマや、法執行機関に不必要な仕事を負担させる結果となることもあるというものである。しかしこの逆機能は、犯罪概念を重大な有害行為にのみ準備し、適用することで回避しうるものと思われる。

また当該行為が処罰されることによって、実質的な問題解決が回避されてしまう可能性があるということもある。つまり刑事制裁が、当該有害事態を含めた社会問題に関する実質的な解決を行わないことの免罪符となってしまう場合があるということである。感情のおもむくままに「悪」を糾弾することによって何かが改善されるわけではない。例えば、政治と金をめぐるスキャンダルは繰り返し発生し、そのつど政治の腐敗と政治家や官僚のモラルの低さ等々が非難の的になるけれども、肝心のルールや制度を直さないで非難を浴びせるだけでは事態は少しもよくならないのである。このことは、環境問題／人為的災害・事故／金融不祥事／その他の企業の問題行動についてもあてはまる。それは、リースマンの言うところの「神話システム」の維持には貢献するけれども、実質的な解決にはならないのである。また逆に、「神話システム」の維持のためにのみ刑事制裁の使用がなされる危険性もあるということである。(11)

刑事制裁は犯罪の心理面での事後処理という側面に貢献することを前提とするなら、有害事態の防止努力は経験科学としての犯罪学的努力や、その知見をもとにその他の規制手段を活用しながら、制度や組織の枠組み自体を設計していくことによってなされる必要があり、安易／安価な刑事制裁による防止策に頼るべきものではない。そのようなことを認識する上でも、刑事制裁の目的は犯罪の事後処理にあり、それに限定されると考えることは有益であろう。そしてそのような認識のもとに、現在多方面で濫立する行政法規に付された罰則規定も見直されるべきものと思われる。

(11)　リースマン［Reisman, 1983］のいう「神話システム」とは、いろいろな規則や禁制を明確に定めた体系（ニュアンスとか微妙な違いとかを残さずに、行動の「善」「悪」を一義的に表現する体系）であり、いわゆる理念・理想を表明した公式の意味の体系である。企業活動に関していえば、企業は単に利潤を追求するだけでなく、人権や自然環境にも配慮し、社会的責任を担って公正に活動するものであるといった理想像であり、例えば、カルテル／談合等が行われることなく公正な競争のもとに企業は活動しているというように、現代社会において必要とされる制度／システムが公正に作動しているといった理念的な認識をさしていう。

結論

以上、はなはだ荒削りではあるが、企業活動規制と刑事制裁の関係について述べてきた。最後に本稿の主要な関心事である、「どのようにすれば有効に企業活動をコントロールできるのか」ということと、「現代において刑法／刑事制裁はどのような機能を営むべきか」に立ち返って、本稿を振り返ってみることにしよう。

序論において述べたように、われわれは何らかの（社会的に規制を必要とするような新しい）問題に直面すると、とりあえず刑事制裁によってこれを鎮圧しようとし、新しい刑法を設けるとそれで問題が解決したように考えてしまう傾向にある。現代社会の主要な問題の一つである企業活動の対処においても、このようなパターンがそのまま当てはまるように思われる。

例えば、ここ数年のうちに証券取引法／独占禁止法／不正競争防止法の分野で、法人なしい事業主の罰金額が何十倍／何百倍と引き上げられたが、それは金融不祥事／証券スキャンダル（損失補塡・総会屋への利益供与）／談合等の企業による経済犯罪の顕在化を受けてのことである。また近年問題となっている環境保護分野においても、その保護の立場から刑事制裁による規制に期待がよせられている。

第一部でみたように、わが国においてカルテル規制が問題とされたときに注目されたのも刑罰であった。その背景として、わが国独占禁止法の母法である米国のシャーマン法においてもカルテルは刑罰の対象とされていること、しかも米国では刑事制裁によるカルテル規制が積極的に行われているといったことが指摘できるが、理由はそれだけではないであろう。

何らかの問題とされる行為（好ましからぬ行為）を防止しようとする場合に、われわれがまず思い浮かべる方策は、「そのような行為をした者に不利益を課する」というルールであろう。つまり、問題とされる行為（防止しようとする行為）には不利益がつきまとうという状況をつくり出すことによって、行為者自身を含め、われわれ各人がそのような行為を控えるようになることを期待するのである。このような方策のもとでは、問題とされる行為をした者には確実に不利益が課されるほど、そして不利益が大きいほど、当該行為を防止できるものと仮定することができる。おそらくこのような思考枠組みにおいて、カルテル規制の強化（カルテルの防止）、そしてその他の企業活動規制において、当該行為の防止の観点から刑事制裁に期待がよせられたものと思われる。つまり、確実性はさておき、行政的な規制措置よりも、刑罰のほうが当該行為者に対する不利益は大きいと仮定されるのである。したがって、単純に刑事制裁によるほうが防止効果も大きいとされるわけである。ともかく問題とされる行為には不利益（刑罰）がつきまとうという情報を示すことによって、そしてときには直接に不利益（刑罰）を経験させることによって、問題とされる行為を防止ようとするのである。しかしこのように、もっぱら威嚇の作用によって好ましからぬ行為を防止しようとする考え方には、いくつかの問題が生じてくる。

まず、その確実性である。好ましからぬ行為が行われたときに、確実に（かなりの頻度で）不利益が課されるのでなければ、そのような威嚇作用は生じないであろう。

［第一部］での議論に即していえば、これまでわが国においてほとんど活用されることのなかった刑事制裁が、カルテル規制において積極的に活用されるようになるのであろうか。たしかに公正取引委員会は、カルテル規制の強化にあたって刑事制裁を積極的に活用していくとの方針を示した。しかしそのような情報を示すのみで、その後ほとんど適用されることのない状況が続けば、現実にどれほどの効果があるのかは疑問である。前述のとおり、母法であるシャーマン法と同様にカルテルが刑罰の対象とされているから、また米国では積極的に刑事制裁が活用されているからといっても、現実にわが国で刑事制裁が積極的に活用されるか否かは別問題である。そこで、米国との比較において、刑事制裁が積極的に活用されるに至る諸条件を検討したものが［第一部］であった。一般に、企業の経済活動を規制する法律には包括的な構成要件が使われていることが多いのであるが、このような分野においては規制対象行為を明確にしなければ、まずもって刑事制裁が積極的に活用されることはない。そして、規制対象行為を犯罪として認識する社会的価値評価が形成されていることも必要である。以上が、米国においてカルテル規制に刑事制裁が積極的に活用されるに至る過程とその要因についての

考察から導かれたものであるが、わが国においてこの二条件は未だ満たしていないのではないだろうか。

またさらに、その二条件が満たされさえすれば直ちに規制が有効に機能するというわけではない。規制当局の組織的な要因もまたその規制の有効性に影響を及ぼす重要な要素であるからである。そこで、規制当局（公正取引委員会）の行動分析、つまり規制当局の行動に影響を及ぼす諸要因を取り上げ、それによってそのbehaviorを理論的・実証的に分析したものが［第二部］であった。ここでは規制当局の組織的な要因として、カルテル規制政策の実施にかかるコストに焦点を当て、市場構造要因と結びつけながら、なぜ不十分な規制となっているのか、実際にどのような規制方針のもとでどのような規制が行われているのかといった法執行過程に対して考察を行った。ここでの分析においても、摘発・立証方法の大幅な改良と予算・人員のドラスティックな拡大がない限り、現状において刑事制裁の積極的な活用はないことが示された。実際にも、公正取引委員会が刑事制裁を積極的に活用していくとの方針を示してから一〇年近く経つが、今もって刑事制裁が積極的に活用されるという状況は出現していない。

したがって確実性の面からいえば、威嚇作用による刑事制裁の犯罪防止効果は、それほど期待できるものではないであろう。

さて、次に問題となるのは不利益の量・内容についてである。課される不利益が大きければ大きいほど、それを避けようとするであろうことは経験的には理解できる。では、行政的な規制措置よりも刑罰のほうが当該行為者に対する不利益が大きいとする仮定は説得的であろうか。もちろんわれわれは、歴史的に刑罰をそのようなものとして制度的につくりあげてきたのであるから、現実的にも、イメージ的にもおそらくはそうであろう。われわれは直観的には、刑罰がもっとも厳しい制裁であると認識しているのである。ただ、その対象が企業組織体となった場合、事情はいささか異なったものとなる。わが国の現状では刑罰である低額の罰金よりも、行政的規制措置である高額の課徴金／解散命令／営業停止等の措置のほうが、経済的な不利益という側面に限っていえばはるかに大きなものとなる。このように、不利益の内容を経済的な損失（ダメージ）に限定するのであれば、果たして威嚇による当該行為の防止において刑事制裁は必要なのであろうか。さらには不利益の内容がどのようなものであるとしても、刑事制裁に期待するものがその不利益による威嚇作用を通じての犯罪防止効果であるならば、なにもそれを刑事制裁に求める必要はないのではないだろうか、というのが次なる問題である。

［第一部］でみたカルテルの場合のように、企業活動規制においては、まずは当該行為の防止（抑止）ありきであり、そのために刑事制裁が動員され、その対象となる行為の内容等は二次的な問題となっているような気がするのであるが、なぜ当該行為の対応にあたって刑事制裁を必要とするのかということを、まずもって批判的に検討する必要があるのではないだろうか。企業活動だけでなく、ひろく

刑事制裁の使用にあたっては、当該対象となる行為の防止がその目的として自明視されているのであるが、そもそも刑事制裁の目的を「犯罪の防止」とすることは妥当であろうか。そのあたりを検討したものが［第四部］である。

威嚇作用を通じて犯罪防止を図ろうとする目的刑論は、刑罰を犯罪防止手段として合理化しようとする立場だということができるが、この意味での目的刑論は、その方向で合理化をおしすすめた場合、究極的には応報を全面的に否定し、その結果として刑罰否定論（例えば保安処分）に至るか、あるいは教育刑論で主張されるような通常の刑罰とは異なる刑罰のあり方へと至るのではないだろうか。［第四部］で述べたとおり、犯罪防止をその目的とするのであれば、その目的合理性の観点から、罪刑の均衡／責任主義といった刑罰の制約原理が導かれる必然性はなにもない。むしろその目的の障害となるのである。したがって犯罪防止という目的からは、絶えざる刑事制裁の適用（範囲・量）の拡大、および刑罰の制約原理の緩和が導かれることとなる。昨今の企業活動規制をめぐる刑事制裁適用に向けての議論は、まさにそのことを示しているのではないだろうか。刑罰の性質と犯罪防止目的とは、本来相容れないものなのである。

それでは、過去の犯行に対する害悪賦課を本質とし、それ故種々の制約（罪刑法定主義／行為責任主義等）に服する刑事制裁の性格そのものから無理なく導き出される目的とはいかなるものであろうか。本稿では、有害事態（犯罪とされる行為とそれによって引き起こされた望ましくない事態）の事後的な処理をその目的とし、そのような目的のもとで刑事制裁は、〈処罰欲求抑制機能〉、〈意味付与／確認機能〉、〈心理的情緒安定機能〉といった機能を果たすことを示した。その内容は、事態の解明と、責任を負う者に害悪を課することによって責任をとってもらうこと（事態の解明／刑事責任の追及・処罰）であり、起こってしまった出来事を犯罪として処理することである。そして「そのような事態が放置されていないこと」、「そのような事態が犯罪として解明されること（意味付与による理解）」、「責任を負う者に害悪が課されること（応報感情の充足）」をとおして、当該事態によって引き起こされた不安感／心理的動揺／情緒的反発を解消し、よって共同生活に必要とされる心理的安定を回復するというものである。

このことは、企業活動規制の場であっても例外ではない。ただ、企業活動規制においては、その行為の性格から、〈意味付与／確認機能〉が、その果たすべき役割としてとくに顕著に現れることを示した。ただしこのことは、企業活動規制の場において、刑事制裁の〈意味付与／確認機能〉を積極的に活用すべきであるとの主張につながるものではない。刑事制裁に規範意識／倫理感覚の形成機能なるものを期待する議論もあり、そこではそのような機能を有害行為の防止と結びつけて議論することが多いようであるが、ここでの主旨はそれとは異なる。特定の行為／事態に犯罪であるとの規範的評価／社会的意味を付与することは、必ずしも当該行為の抑止的関心と結びつくものではない。事後処理の観点からいう刑事制裁の〈意味付与／確認機能〉は、行為に責任を負う者を処罰することにより、犯罪とされる行為によって生じた情緒的反発を鎮めるとともに、何がなされたのかを明らかにすることによって、漠たる不安感や心理的動揺を解決するものである。それと同様に、企業の問題行動による場合も、それによって生じた有害事態を犯罪として処理することによって、それに対する情緒的反発を鎮めるとともに、当該行為が犯罪であることを明確にし、当該行為によって傷つけられたわれわれの社会制度に対する信頼感を回復させるものである。われわれの社会生活の基盤となる社会制度への侵害を構成するような行為が、時としてその重大性が認識された場合に処罰されることによって、当該行為が放置されているわけではないこと、当該行為はわれわれの社会にとって有害なものであること、そしてわれわれのよってたつ社会制度は公正に運用されているのだと示されることが、われわれの心理的側面において重要であると思われる。そしてこのことは、犯罪防止目的を離れても社会的に重要な機能として必要とされるものであろう。このように考えると、犯罪防止（威嚇作用による抑止効果）の側面からは合理的とは思われない企業活動規制における刑事制裁の一罰百戒的な散発的運用も、それなりに意味を持ってくるのである。

企業活動規制に対する関心の大部分は、企業活動によって引き起こされる被害の重大性をその出発点としている。そのためその防止への関心が強く、企業活動規制の場において刑事制裁にもその抑止効果が期待されるのであるが、すでに指摘したように、犯罪防止を刑事制裁の目的とすることには経験的にも理論的にも問題がある。有害事態の対応においては、そのような事態が起こらないようにすることともに、何が行われたのかを明らかにし、場合によっては行為者に責任をとってもらうことも必要である。この後者のほうに刑事制裁の役割があるのである。そして前者の側面、事前の予防については別個の検討を加えればよい。このような視点から、「どのようにすれば有効に企業活動をコントロールできるのか」について検討したものが［第三部］であった。

そこでは、有効な規制システムを確立していくうえでの一つの指針として、「リアクティブな規制」から「プロアクティブな規制」へと規制システムをシフトさせていく必要があることを示した。このことは企業活動規制において問題となる対象行為の可視性の低さ、および規制対象の多様性・広範囲性による規制上の困難を回避するための努力として捉えることができるが、ここでも犯罪防止策として、本来リアクティブな規制手段である刑事制裁がそれほど有効でないことが浮かびあがる。

そもそも不都合な事態／有害な事態の防止は、なにもそのような事態を引き起こす行為を犯罪とし、そしてそれを刑事制裁によって処理するというやり方を採らなくとも可能である。むしろそうしたほうが有効／合理的な場合が多々あるのである。企業活動規制もその一例であろう。罰則を置くだけで実質的な問題解決努力を行わないことの不当性については、しばしば指摘されるとおりであり、企業活動を実質的にコントロールしていくためには、事前の実質的な防止活動や事後の再発防止措置を含めて考えていく必要があるのである。有害な事態が生じるに至るメカニズムを解明し、そのような事態を生じさせる要因を除去することによってこそ、真に好ましくない行為が防止されるものと思われる。刑事制裁は犯罪の心理面での事後処理という側面に貢献することを前提とするなら、有害事態の防止努力は経験科学としての犯罪学的努力や、その知見をもとにその他の規制手段を活用しながら、制度や組織の枠組み自体を設計していくことによってなされる必要があり、安易／安価な刑事制裁に頼るべきものではない。むしろ有害事態の対応にあたっては、その防止と処理とを分けて考えることが重要であり、そうすることによって「刑罰／刑事制度のあるべき姿の考察」を対象とする刑事法学と、「犯罪防止策を経験科学的に探求する」犯罪学の可能性がうまれてくるのである（もちろん犯罪学は犯罪防止策の探求につきるものではない）。そして刑罰／刑事制度との距離を置きつつもそれをも視野におさめ、様々な規制手段を含めた「犯罪」および「問題とされる事態」の防止策／解決策を理論的・経験的に検討することが可能となるのではないだろうか。

〔補論〕 アメリカ環境保護法にみる企業活動のコントロール

1 はじめに

高度に産業化され、社会分業の進んだ私たちの社会生活は、好むと好まざるとに関わらず様々な企業活動と密接に関連している。企業活動を抜きにしては、もはや私たちの生活は成り立たないといっても過言ではないだろう。しかしながらこうした企業活動も、個人の場合と同様に逸脱とみなされる活動を行うことがある。そして企業が逸脱的な活動を行った場合には、企業活動が私たちの生活に深く組み込まれているだけに、その影響もきわめて大きなものとなる。したがって「企業活動を如何にコントロールしていくか」は、私たちにとって重要な問題となってくる。

本稿では、現代社会においてますます私たちの生活に影響力をもちつつある企業の活動を、私たちは「どのようにすれば有効にコントロールできるのか?」ということについて、アメリカ環境保護法を手がかりに理論的に探ってみたい。

2　アメリカ環境保護法（Clean Water Act）の特徴

それでは、まず手がかりとするアメリカ環境保護法についてみてみよう。アメリカ環境保護法といっても周知のように多様なものがあるので、ここでは、Clean Water Act（アメリカ合衆国連邦清浄法）を取り上げ、その特徴を規制執行システムの運用に注目しながらみていきたい(1)。

ＣＷＡは、「合衆国水域の、化学的・物理的・生物的にみて生態系としてあるべき良好な状態を、回復・維持すること」をその目的としている。そしてこのような目的を達成するために、行政命令／インジャンクション／刑事制裁といった伝統的な手法に加え、民事的課徴金／行政的課徴金／市民訴訟といった多様な執行手段が用意されている。

そしてこのような執行手段を用いて、ＣＷＡは汚染物質の排出を規制するのであるが、その基本的な規制方式は、一定の排出基準を行政が画一的に設定し、遵守状況のモニタリング・システムを設け、サンクションによる担保の下に排出者の基準遵守を求めるというものである。こうした規制状況は一般に「命令＝管理型」といわれ、環境汚染に対処するために従来より広く採用されてきたものである［北村，1992：21］。

しかしこのような直接規制的な規制方式に対しては、コストがかかりすぎることや効率的な規制ができないといった理由による批判が多く(2)、近時の動きとしては、このような基本的な規制方式の枠組みを維持しながらもより効率的な規制を目指した運用上の変化がみられる。

それでは、CWAの規制執行システムの特徴とその運用上の変化について簡単に触れておこう。

まずCWAの規制執行システムにおける特徴としては、違反発見のための調査と情報の収集をもっぱら被規制企業におっているということがあげられる。このことは、被規制企業の遵守状況をもっともよく把握しうるのは他ならぬ被規制企業自身である、という考え方によっている。そこでCWAは、違反発見のために、被規制企業に対して、排水の状態を記録しそれを報告書（Discharge Monitoring Report, DMR）としてEPA長官に提出することを要求している。また汚水の状態の把握のために、被規制企業に対して、モニタリング装置を備えることを義務づけている。そしてこうした義務に違反した者、立ち入りを拒んだ者、あるいは虚偽の報告をした者に対しては、行政命令／民事的課徴金／刑事制裁といったサンクションが予定されている［北村，1992：119；特集，1996：655-656］。実際排出に関する違反のほとんどが、被規制企業による報告を通じて判明している［北村，1992：120］。このような特徴を「自発的情報開示」の重視ということができるであろう。

次に、CWAの運用上の変化についてであるが、それは「命令＝管理型」による事後的な規制から、「未然防止型」とでもいうべき事前抑制的な規制（汚染の発生源において汚染物質の使用そのものを削減するように企業を誘導する）への重点の移行として捉えることができると思われる。

このような変化は、「司法省・ＥＰＡの訴追方針」、「排水基準・排出許可制・バブル政策の導入」、「環境監査プログラムの検討」といった執行上の政策からうかがえるであろう。

司法省は、一九八〇年代後半以降積極的に刑事訴追を行っているのであるが、その一方で、次のような訴追方針を示している。それは、刑事訴追にあたっては、ⓐ規制当局に対して自発的に違反関係情報を開示したかどうか、ⓑ捜査への協力の程度、ⓒ違反企業において法遵守のための組織内体制（環境監査や違反を行った従業員に対する社内処分手続等）がどの程度整備されているか、ⓓ違反後の法遵守への努力、といった事由を考慮するというものである。ＥＰＡも同様の方針を示している［北村, 1992：143；特集, 1996：611］。このような方針を公表した意図としては、前述の「自発的情報開示」の促進・確保と、「自主規制の奨励」にあると思われる。「自主規制の奨励」については、「排出基準・排水許可制」、「バブル政策」といった規制手法の導入からもうかがえると思われる。

従来の水質基準による規制では、当該水域の汚染状況に応じて規制を行うため、規制される側からみると、どの程度までの排出ならば適法となるのかが不明確であり従いにくいという問題があったが、各汚染源に対して、従うべき排出基準を設定しその違反に対して規制を行うようにすれば、従うべき指針も明確になり自主規制もより容易となるといえるであろう。また規制当局としても、汚染のより早い段階で対応が可能となるいえるであろう。(3)

次に「バブル政策」であるが、バブル政策とは、ある工場が複数の排水口を持っている場合、その個々の排水口毎に規制するのではなく、工場・事業場全体として排水基準を設定し（現実の個々の排水口それぞれについての排水基準の総和より少ない値であらわされる）、それが満たされているかぎり個々の排水口による排水基準を遵守する必要はないとするものである。したがってある排水口が基準以上の排水をしていたとしても、それだけではCWA違反とされないので、被規制企業としては、汚濁削減にもっとも費用のかからない汚染源からより多くの削減を行おうとすると考えられる。つまり、ひとつの工場についてどのように汚濁防止を実現するかの裁量を、被規制企業側に与えることになるわけである。そしてそうすることにより、汚濁物質除去が経済的・技術的に容易な施設についてより効果的な技術を開発・導入すれば、そうでない施設からの排水にはさほどの汚濁削減努力をしなくてもよいことになるので、被規制企業の側に、自主規制にむけたより効率的・効果的な技術開発へのインセンティヴが生まれることになる。このこともまた、当該工場や排水に関する情報をもっともよく把握しているのは被規制企業である、という考え方によっている。

以上が「自主規制の奨励」に関するものであるが、そこでは、規制への遵守努力はもっぱら被規制企業に委ね、規制当局は結果として生ずる違反行為を取り締まるという対立的なアプローチが主流となっていた。しかし近時では、「被規制企業の遵守能力の向上」を規制当局が側面から援助するようになる政策が検討・実施されるようになってきた。これが「環境監査プログラム」である。この環境監査プログラムは、規制が遵守できないのは、被規制企業組織内において規制に遵守するためのメカニズムが整備されていないからであるという認識に基づき、被規制企業が遵守能力を備えるように企業組織自体（企業内部の条件）を改変しようとするものである(4)。具体的には、企業内に独立の第三者的な組織を設置し、監査のためのトレーニングを受けた職員を配置する。そして、許可の申請・更新・変更の届出・汚濁防除施設の設置・管理、モニタリングと記録報告などの日常的業務とともに、遵守体制が整備されるように企業の意思決定メカニズムや組織構成に影響を与えるような業務を行わせる。配置される監査人は、遵守が求められている法規について詳細な知識を有しているので、サンクションの対象となるような違反行為を予測し、その発生の事前防止を経営者に勧告したり、違反がより起こりにくいような原材料の選択などを検討したりする。そして全生産工程を概観し、より効率的に汚濁を削除できるようなプロセス改革を提言するよう期待されている〔北村，1992：200〕。

ただ、ＥＰＡは法制化を考えていたものの、今のところ「環境監査プログラム」は制定法の中に取り込まれておらず、強制的なものにはなっていない。現在は、個別になされる裁判上の和解などの中で任意に導入されている程度となっている〔北村，1992：202〕。しかし将来的には規制システムの一部分として有望視する声もあり、ＥＰＡもこのシステムに高い評価を与えているようである。またこれも結果的には採択されていないのであるが、一九九三年に量刑委員会に提案された量刑ガイドラインにおいても、その焦点は環境コンプライアンス・プログラムであり、それは企業にとってその刑事責任を軽減するための主要な手段となりうるとしていた［特集，1996：613-614］。

以上みてきたように、ＣＷＡに代表されるアメリカ環境保護法の特徴としては、「自発的情報開示の重視」、「自主規制の奨励」、「被規制企業の遵守能力向上」による、「自発的遵守体制の確立」を目指した規制執行システムの運用を指摘することができるであろう。そしてこのことから、「事後的な規制」から未然防止を目指した「事前抑制的な規制」への規制方針の転換がうかがえると思われる。

それでは、このような特徴のみられる規制執行システムが採り入れられた背景には、「企業活動のコントロールにおけるどのような問題があったのであろうか」。それを次章において検討してみたい。

（1）　以下、本稿でのClean Water Actについての記述は、［北村，1992］および、［特集，1996］による。

（2）　例えば、［Kagan & Scholz, 1984：69-74］参照。

（3）　［北村，1992：41，47］参照。

（4）　このような考え方について、［Kagan & Scholtz, 1984：80-84］参照。

3 企業活動のコントロールにおける問題点

一般に、伝統的な犯罪であれ企業活動であれ、規制当局は事件にアクセスが可能でサンクション（賞罰）を課すことが可能である場合にのみ有効に機能するといえるであろう［Horwitz, 1990: 199］。しかしながら伝統的な犯罪と比較した場合、企業活動のコントロールにあたってはこの「事件へのアクセス可能性」、つまりその「摘発・立証に困難が伴う」という部分がもっとも問題となると思われる。(5) そこで3章では、まずこの事件へのアクセス可能性（摘発・立証の困難性）について述べ、次に「規制対象の広範囲性・多様性」による問題点についてみていきたい。

まず「事件へのアクセス可能性」についてであるが、規制当局が事件にアクセスするには二つの一般的な方法がある。それは、規制当局が違反行為を直接に監視するというプロアクティブな規制方式と、規制当局は傍観者／被害者／犯罪者からの報告・通報に反応するというリアクティブな規制方式である［Horwitz, 1990: 198］。プロアクティブな規制方式は効果的ではあるが、たいていの犯罪者は発見やサンクションを避けるために自分の行為を隠そうとするであろうし、犯罪は頻繁にそしてランダムに発生するので、規制当局にとって、通常、犯罪を直接に監視することは不可能であろう。したがってプロアクティブな規制方式は、普通、事件にアクセスするための実際的な戦略とはならず、たいていの規制活動はリアクティブな規制方式になっている［Horwitz, 1990: 198］。

しかしながら企業活動に伴う違法行為（企業犯罪）は、リアクティブな規制方式では効果的に対処できないことが多い。それは違法行為が見えにくいということと、その違法行為による直接の被害者がいない、ないしは被害に気づきにくいということによっている。つまり多くの企業犯罪はその「可視性が低い」ことによって、規制当局が効果的に事件にアクセスすることを妨げているのである。

したがって企業活動を効果的にコントロールしていくためには、企業活動の可視性を高める必要があるということがいえるであろう。つまり、「規制当局が事件にアクセスしやすいようなシステムの確立」が必要となるわけである。前章においてみてきた、CWAにおける「自発的情報開示の重視」は、まさにこの点に対応するものであるということができるであろう。

また事件へのアクセス可能性（摘発・立証）は、企業活動の可視性の低さだけでなく、当然に、規制当局のリソース（人的・物的資源）にも関係している。一般に規制当局は、その規制対象に比して規制に関するリソース（人的・物的資源）が相対的に不足しているのが通常であるが、企業活動規制の場合（その規制対象の規模ゆえに）、伝統的な犯罪の場合に比べてこのリソースの不足がとくに問題となることが一般に指摘されている。そこで何らかのかたちで、規制当局のリソースの不足を補う必要があるわけであるが、そういった意味でCWAにおける「自主規制の奨励」、「被規制企業の遵守能力の向上」は、規制執行（に係る負担）を企業に内部化させることにより、規制当局のリソースの不足を補うという機能を果たしているといえるであろう。

それでは次に、「規制対象の広範囲性・多様性」による問題についてみていこう。企業は、それぞれに特有の状況において、異なる問題に直面しながら、それに適応するべく活動している。したがって、それぞれに異なる環境の中で活動する多種多様な企業を、統一的なルールで規制しようとする場合、様々な問題が生じることになる。例えば、異なる状況を統一的に規制しようとするために、そのルールが極めて包括的で一義的に内容が確定しないようなものとなったり、また具体的に設定されたルール（基準）が、ある企業においては合理的なものであるが、他の企業においては合理的ではないといったことが生じたりする。このような場合、被規制企業が当該規制執行が恣意的であったり不合理な負担を課すようなものであると感じているとすれば、当該企業はそうした規制には従わず、あるいはそれに対して明示的な反対行動をとることもある［Kagan & Scholts, 1984：74-80］。また結果的にも不必要な規制を課すことになり、効率的な規制（による資源配分）は達成できないであろう。

したがって規制にあたっては、なるべく個々の企業に特有の状況を認識し、それに応じた規制を行う必要があると思われる。例えばバブル政策の導入にみられる「自主規制の奨励」は、個々の状況に応じた規制への一つの代替案かもしれないが、まだまだ不十分であり、ここに基本的にはＣＷＡにおいても採用されている従来の「命令＝管理型」による直接規制的な規制方式の限界があるといえるであろう。

そこで次章では、このような問題点(違反事件の可視性の低さ／資源の不足／規制対象の多様性)を回避するための有効な規制執行戦略の一つのモデルとして、「強制された自主規制 (Enforced Self-Regulation)」、および「経済的手法」を取り上げて検討してみたい。

(5) この点については、[Braithwaite & Geis, 1982] が簡潔にまとめてあるので参照されたい。

4　企業活動に対する規制執行戦略

(1)　強制された自主規制 (Enforced Self-Regulation)

ここで取り上げる「強制された自主規制 (Enforced Self-Regulation)」という執行戦略は、J・ブレイスウェイトによって示されたモデルである。(6) この強制された自主規制という概念は、企業活動に対して詳細な規制を政府が課すことから生じる遅延／コストの増大／イノベーションの阻害に対してと、企業の自主規制への素朴な信頼に対しての応答としてのもので、次の二つの要素から成っている。それは、「ⓐ私的に作成されたルールを公的なルールとして執行する、ⓑこのようなルールの自主的な執行を公的に委任し監視する」というものである。その具体的な内容は以下の通りである。

規制当局は、各企業に各企業が直面している固有の状況にそれぞれに適したルールを作成させる。そして規制当局はこれらのルールを承認するか、もしくはそれが不十分なものである場合には修正を命じる。そしてこのルールが規制当局によって承認されれば、当該ルールの違反は犯罪となる。規制当局の執行官がそのルールを執行するというよりも、ほとんどの執行義務とそれにかかるコストを企業に内部化させ、企業に当該企業による独立した執行部門（コンプライアンス・グループ）を設立することを要求する。もし管理職者が違反を直さなかったり勧告に基づいて行動しなかった場合、このコンプライアンス・グループの担当者は当該事実（違反事実）を規制当局に報告するよう要求される。規制当局の主たる仕事は、この企業内部のコンプライアンス・グループの独立性を確保しその効率性と厳重さを監督することである。そしてとくにコンプライアンス・グループを無視しているような企業に対して訴追を行うことである。

以上が強制された自主規制の大まかな内容であるが、前節で述べた企業活動規制上の問題点と関連させて、このような強制された自主規制の利点について簡単に述べておきたい。

まず被規制企業自身が作成したルールによって規制が行われるということから、ⓐ各企業に特有の状況や必要性に応じたルールによって規制がなされるという利点が考えられる。例えば前述のように、規制への遵守がその規制が合理的なものであるかどうかにかかっているというのであれば、企業が自ら法を作成した場合、その法が不合理なものであるとして規制違反を合理化することは企業にとってより困難になるので、企業は自分たちが作成したルールによりコミットするようになると思われる。そしてルールを被規制企業の環境の変化にあわせて迅速に調整することもできる。また統一的なルールよりも個々の企業を対象とする固有のルールのほうが、よりシンプルでより規制内容が明確になると考えられる。

次に被規制企業が自らその規制執行を行うということから、ⓑ摘発・立証に関する困難性を低減できるという利点が考えられる。前述のように、被規制企業の遵守状況をもっともよく把握しているのは、他ならぬ被規制企業自身であるし、また企業内部の執行官は、合理的な疑いを超える立証といったハードルを克服したり、組織内における拡散された責任という問題と格闘する必要もない。したがって企業自身による規制執行は、多くの点で政府による訴追よりも効率的であるといえるであろう。またこれまでの規制執行(規制当局による直接的な規制)のもとでは、責任の所在を示すことは企業にとって不利益であった(したがって企業に自分たちの違反を犯した従業員を隠し保護しようとするインセンティブを与えることになっていた)のに対して、強制された自主規制のもとでは誰がそのような行為を行ったのかを示すことができない企業は取り調べの対象にされるので、責任の所在を明らかにすることにインセンティブを与えることになる(逆にしっかりと従業員を監督するような記録システムを備えた企業は、規制当局に企業内部のコンプライアンス・システムがしっかりと確立されているとみなされることによって優遇されることになる）。したがって規制当局の訴追者にとって、強制された自主規制のもとでのほうが有罪を勝ち取ることがより容易になるといえるであろう。

また、ⓒ強制された自主規制のもとでのほうが政府による規制よりもより広範囲にわたって包括的に規制することができると思われる。というのも、前述のように企業が抱えている専門的・技術的な問題については、企業自身のほうが規制当局よりもよく知っているからである。したがってそのような知識やスタッフを動員できる企業のほうが、より広範囲で包括的な規制が可能となると考えることができる。そしてそのことによって規制当局は、リソースの不足（技術的に完璧なコンサルタントを養成し確保することの困難さという問題を回避することができる）を補うことができるわけである。そして被規制企業自らが規制執行を行うのであるから、当然にⓓ規制当局の執行にかかるコストは削減できることになる。

(2)　企業活動規制における経済的手法

次に、企業活動規制における「経済的手法」についてみていこう。

企業活動規制にあたっては、直接何らかの基準を設定しそれを遵守させることにより企業活動を直接制御しようとする「直接規制」と、何らかのインセンティブを与えそれにより企業活動を間接的に制御しようとする「間接規制」とに、その手法を分類することができる。その意味で、前節までの議論はもっぱら「直接規制」的な手法に関してのものであった。ところで近年、企業活動のコントロールにあたっては、「間接規制」的な手法のほうが、効果的で効率的な規制が可能であると指摘されている。その代表的なものが「経済的手法」と言われるものである。

その手法の代表的なものとしては、課徴金（排出課徴金、製品課徴金）／補助金／預託金払戻制度（デポジット制）／市場の創造（排出権の設定）／執行のための誘因（達成預託金）がある。(7)

ここではそれぞれの手法についての詳細は省略するが、その基本的な考え方は次のようにいうことができるであろう。「行為者（潜在的な違反者）は合理的な計算に基づいて企業活動（規制違反）を選択するという前提のもとに、企業活動を行う環境の枠組それ自体をデザインすることにより行為者の経済的利害に働きかけ、企業活動を望ましい方向に変化させようとする」というものである。

規制される側の企業は、概して、このような経済的手法による規制よりも、現行の直接規制を好む傾向にあるといわれているが、その理由の中に経済的手法の有効性を端的に示しているものがある。それは、例えば直接規制と課徴金制度の比較において、理論的には前者の負担がより大きいとしても、実際に義務を履行しなければならないときの費用負担の期待値が、直接規制によるほうが小さいということがあるからである。というのも、排出課徴金制度の場合には、監視体制が確立されれば排出主体はほぼ確実に課徴金を徴収されるか、課徴金を免れるために排出防除投資を行うかの、いずれにせよ費用を負担しなければならなくなるのに対して、直接規制の場合には、規制違反の摘発・立証の困難性や規制リソースの不足により、確実な規制執行が行えず、それにより規制を免れることができる等の理由で(法の実施が複雑であるため網の目を潜ることができるか、行政的なコストが高くつくために効果的な実施が行われない等の理由で)、被規制企業における費用負担の期待値が小さくなるからである。

このように経済的手法の利点の一つには、直接規制よりも厳格な規制が可能となるということがある(違反事件の可視性の低さ)。またその他の利点としては、経済的手法はその規制対象を広く取り込むことができ、その規制コストも直接規制よりは安価であるということと、強制された自主規制と同様に個々の企業の事情にあわせて規制できるということがある(資源の相対的な不足、規制対象の広範囲性・多様性)。そして、経済的手法によれば、汚染物質の排出を削減したほうが採算が向上するため、そのための技術革新(イノベーション)を促進・誘発することになり、汚染の未然防止に即した規制手法であるといえるであろう。

(6) 〔Ayres & Braithwaite, 1992〕、〔Braithwaite, 1982〕参照。
(7) 例えば、〔植田和弘, 1996〕参照。

5　おわりに

以上、非常に散見的かつ大雑把にではあるが、アメリカ環境保護法（CWA）を手がかりに、「企業活動のコントロール」について検討してきた。最後に本稿をまとめるべく、当初の目標であった「いかにすれば企業活動を有効にコントロールできるのか」ということについて、これまでの考察から若干の結論を導いてみたい。

2章においてみてきたように、CWAにおける規制執行システムの特徴としては、「自発的情報開示の重視」、「自主規制の奨励」、「被規制企業の遵守能力向上」といった規制方針を指摘することができる。このような規制方針は、3章において触れた、企業活動のコントロールにおける問題点、つまり「違反事件の可視性の低さ」、「資源の相対的な不足」、「規制対象の広範囲性・多様性」による規制上の困難を回避するための努力であると考えることができるであろう。そしてEPAの「環境監査プログラム」への期待にもうかがえるように、このような規制方針をさらに進めて、被規制企業による「自発的遵守体制の確立」を目指した規制執行システムの運用が今後の課題となると思われる。そのような規制執行システムのモデルとしては、4章で取り上げた「強制された自主規制」が参考になると思われる。また視点を変えていえば、このような規制執行システムへの移行は、「命令＝管理型」による

「事後的な規制（リアクティブな規制）」から、「未然防止型」とでもいうべき「事前抑制的な規制（プロアクティブな規制）」への移行として捉えることができるであろう。そしてこのような事前抑制的な規制方式としては、前述の「強制された自主規制」とともに「経済的手法による規制」が有効であると思われる。

以上をまとめると、概して企業活動に対する規制執行は「規制当局による直接的な規制」から「強制された自主規制」および「間接的な規制」へとその重心を移行していくであろうということになる。そしてこのことは、「リアクティブな規制（事後的な規制）」から「プロアクティブな規制（事前抑制的な規制）」へ、また、「リーガリスティックな規制」から「フレキシブルな規制（状況適合的な柔軟な規制）」への移行として捉えることができるであろう。結局のところこのような規制執行における重心の移行は、「命令＝管理型」といった直接規制（事後的な規制）において問題となる、「違反事件の可視性の低さ」、「資源の相対的な不足」、「規制対象の広範囲性・多様性」による規制上の困難を回避するための努力であると考えることができるであろう。そして理論的には、その方が企業活動のコントロールにあたっては有効であるように思われる。

もちろん以上の結論は理論的な意味でのものであり、あくまでも概観としての域を出るものではない。そこで今後このような執行戦略が、実際に有効であるのか（何に対して、またいかなる条件のときに）、そしてどのようなところにその問題点があるのかといったことについて実証的な研究がなされる必要があると思われる。さしあたって筆者は、「強制された自主規制」の類似モデルとしてわが国の地方公共団体における公害防止協会を取り上げ、以上のような観点から実証的な研究を行いたいと考えている。そういった意味で非常に大雑把な考察ではあるが、本稿はそのための準備作業として位置づけていただければ幸いである。

事項索引

＊＊＊参考文献＊＊＊

阿部泰隆，1992，『行政の法システム（上）』，有斐閣.

阿部泰隆，1992，『行政の法システム（下）』，有斐閣.

Adler, F., 1996, "Offender-Specific vs. Offense-Specific Approaches to the Study of Environmental Crime" in Edwards, M., S., Edwards, D., T. & Fields, B., S. eds., *Environmenatal Crime and Criminality: Theoretical and Practical Issues*, New York: Garland Publishing.

Antitrust Bull. 36, 1991.

Areeda, P., 1981, *Antitrust Analysis: Problems, Text, Cases third edition*, Boston: Little, Brown and Company.

Asch, P. & J., J., Seneca, 1976, "Is Collusion Profitable?", *The Review of Economics and Statistics* 58.

Ayres, I. & J., Braithwaite, 1992, *Responsive Regulation: Transcending the Deregulation Debate*, New York: Oxford University Press.

Baker, D., I., 1978, "To Indict or Not to Indict: Prosecutorial Discretion in Sherman Act Enforcement", *Cornell Law Review* 63.

Becker, H., S., 村上直之（訳），1978，『アウトサイダーズ』，新泉社.

Ben-Yehuda, N., 1990, *The Politics and Morality of Deviance*, Albany: State University of New York Press.

Braithwaite, J., 1982, "Enforced Self-Regulation: A New Strategy for Corporate Crime Control", *Michigan Law Review* 80.

Braithwaite, J., 井上眞理子（監訳），1992，『企業犯罪』，三一書房.

Braithwaite, J. & P., Pettit, 1990, *Not Just Deserts: Republican Theory of Criminal Justice*, Oxford: Clarendon Press.

Braithwaite, J. & G., Geis, 1982, "On Theory and Action for

Corporate Crime Control", *Crime and Delinquency* 28.

Brantingham, P. & P., Brantingham eds., 1981, *Environmental Criminology*, Beverly Hills: Sage Publications.

Cahill, J., T., 1952, "Must We Brand American Business by Indictment as Criminal?", *ABA Section of Antitrust Law* Vol. 1.

Clarke, R., 1980, "Situational Crime Prevention: Theory and Practice", *British Journal of Criminology* 20.

Clear, T., R., 1994, *Harm in American Penology: Offenders, Victims and Their Communities*, Albany: State University of New York Press.

Clinard, M., B. & P., C., Yeager, 1980, *Corporate Crime*, New York: The Free Press.

Cong. Rec. 21, 1890.

Cohen, L. & M., Felson, 1979, "Social Change and Crime Rate Trends", *American Sociological Review* 44.

Cohen, S., 1985, *Visions of Social Control: Crime, Punishment and Classification*, Cambridge: Polity Press.

Cornish, D. & R., Clarke, 1986, *The Reasoning Criminal: Rational Choice Perspectives on Offending*, New York: Springer-Verlag.

Cragg, W., 1992, *The Practice of Punishment: a Theory Towards of Restrative Justice*, London: Routledge.

Duff, R., A., 1991, *Trials and Punishments*, Cambridge: Cambridge University Press.

Duff, R., A., 1996, "Penal Communications: Recent Work in the Philosophy of Punishment", *Crime and Justice: A Review of Research* 20.

Durkheim, E., 田原音和（訳), 1971, 『社会分業論』, 青木書店.

Eckert, D., 1980, "Sherman Act Sentencing: An Empirical Study, 1971-1979", *Journal of Criminal Law* 71.

Feinberg, J., 1974, "The Expressive Function of Punishment", in

Doing & Deserving, Princeton: Princeton University Press.

Flynn, J., J., 1966/1967, "Criminal Sanctions under States and Federal Antitrust Laws", *Texas Law Review* 45.

Garland, D., 1990, *Punishment and Modern Society*, Chicago: University of Chicago Press.

郷原信郎, 1993,「独占禁止法の刑事罰適用をめぐる諸問題（上）」,『公正取引』510.

郷原信郎, 1993,「独占禁止法の刑事罰適用をめぐる諸問題（下）」,『公正取引』511.

Haley, J., O., 1984, "Antitrust Sanctions and Remedies: A Comparative Study of German and Japanese Law", *Washington Law Review* 59.

橋本鍵一・所一彦・石田幸平（編), 1977,『犯罪学』, 新曜社.

Hawkins, K. & J., M., Thomas eds., 1984, *Enforcing Regulation*, Boston: Kluwer-Nijhoff.

Hay, G., A. & D., Kelley, 1974, "An Empirical Survey of Price Fixing Conspiracies", *Journal of Law and Economics* 17.

林幹人, 1989,『現代の経済犯罪』, 弘文堂.

平野龍一, 1966,『刑法の基礎』, 東京大学出版会.

平野龍一, 1984,『刑法の機能的考察』, 有斐閣.

平岡義和, 1985,「組織体犯罪の概念とその理論的分析」,『社会学評論』35-4.

平岡義和, 1988,「カルテルにおける課業環境と統制環境—組織体犯罪の統合的分析枠組をめざして—」,『犯罪社会学研究』13.

宝月誠, 1977,「社会的反作用としての刑罰の意義」,『犯罪社会学研究』2.

細川豊彦, 1979,「カルテルと市場構造・市場成果(1)」,『公正取引』339.

細川豊彦, 1979,「カルテルと市場構造・市場成果(2)」,『公正取引』341.

細川豊彦, 1979,「カルテルと市場構造・市場成果(3)」,『公正取引』342.

細川豊彦, 1979,「カルテルと市場構造・市場成果(4)」,『公正取引』343.

参考文献

Horwitz, A., V., 1990, *The Logic of Social Control*, New York: Plenum Press.

今村成和, 1990,『独占禁止法（新版)』, 有斐閣.

今村成和・馬川千里・正田彬・来生新, 1992,『現代経済法講座2・カルテルと法』, 三省堂.

井上眞理子, 1988,「アメリカにおける組織体犯罪研究」,『犯罪社会学研究』13.

Inverarity, J., M., 松村良之・宮澤節生・川本哲郎・土井隆義（訳), 1994,『刑事法の法社会学―マルクス・ウェーバー・デュルケム―』, 東信堂.

石田英遠, 1994,『独禁政策強化の波を乗り切る』, 中央経済社.

伊東研佑, 1984,「環境の保護の手段としての刑法の機能」, 平場安治(他編)『団藤重光博士古希祝賀論文集・第三巻』有斐閣.

伊東研佑, 1994,「環境刑法における保護法益と保護の態様」, 松尾浩也・芝原邦爾（編)『刑事法学の現代的状況』有斐閣.

伊従寛（編), 1986,『日本企業と外国独禁法』, 日本経済新聞社.

Jamieson, K., M., 1994, *The Organization of Corporate Crime: Dynamics of Antitrust Violation*, Thousand Oaks: SAGE Publications.

Kadish, S., 1963, "Some observations on the Use of Criminal Sanctions in Enforcing Economics Regulations", *University of Chicago Law Review* 30.

Kagan, R., A. & J., T., Scholz, 1984, "The "Criminology of the Corporation" and Regulatory Enforcement Strategies", in Hawkins, K. & Thomas, J., M. eds., *Enforcing Regulation*, Boston: Kluwer-Nijhoff.

神山敏雄, 1981,「経済刑法における保護法益―石油カルテル刑事事件判決を考慮に入れて―」,『Law School』29.

神山敏雄, 1990,「独占禁止法におけるサンクション体系」,『岡山大学法学会雑誌』40-1.

神山敏雄，1985,「最高裁の石油価格カルテル刑事事件判決の検討―経済刑法の観点から―」，『経済法学会年報』６.
神山敏雄，1996,『日本の経済犯罪―その実状と法的対応―』，日本評論社.
神例康博，1997,「企業の刑事責任に関する法理について」，『刑法雑誌』36-２.
Karp, D., R., 1998, “The Judicial and Judicious Use of Shame Penalties”, *Crime & Delinquencey* 44-2.
加藤秀樹，1992,「独占禁止法違反行為に対する抑止力の強化」，『公正取引』501.
川井克倭，1986,『カルテルと課徴金』，日本経済新聞社.
川越憲治・松下満雄，1980,「対談・石油カルテル東京高裁判決をめぐって」，『ジュリスト』729.
川崎友巳，1999,「両罰規定における法人の刑事責任とコンプライアンス・プログラム―「企業システム過失責任」の導入をめざして―」，『同志社法学』50-３.
来生新，1995,「独占禁止政策」，植草益(編)『日本の産業組織―理論と実証のフロンティア―』有斐閣.
北村喜宣，1990,「執行過程研究の現状と課題―アメリカ・イギリス・オーストラリアにおけるいくつかの研究を踏まえて―」，『エコノミア』41-１.
北村喜宣，1991,「環境行政法と環境刑法の交錯―水質汚濁防止法の執行における行政と警察―(1)」，『自治研究』67-７.
北村喜宣，1991,「環境行政法と環境刑法の交錯―水質汚濁防止法の執行における行政と警察―(2)」，『自治研究』67-８.
北村喜宣，1991,「環境行政法と環境刑法の交錯―水質汚濁防止法の執行における行政と警察―(3)」，『自治研究』67-９.
北村喜宣，1991,「環境行政法と環境刑法の交錯―水質汚濁防止法の執行における行政と警察―(4)」，『自治研究』67-10.
北村喜宣，1992,『環境管理の制度と実態―アメリカ水環境法の実証分析

―』，弘文堂.
公正取引委員会事務局，1977，『独占禁止政策三十年史』，公正取引委員会事務局.
公正取引委員会事務局，1977―1996，『公正取引委員会年次報告』，公正取引協会.
公正取引委員会事務局，1948―1996，『公正取引委員会審決集』，公正取引協会.
栗田誠，1991，「米国反トラスト法の最近の動向について（上）」，『公正取引』486.
Kramer, V., H., 1960, "Criminal Prosecutions for Violations of the Sherman Act: In Search of A Policy", *Georgetown Law Journal* 48.
京藤哲久，1984，「アメリカにおけるカルテルの刑法的規制」，『明治学院論叢・法学研究』30.
京藤哲久，1989，「独占禁止法違反と刑事責任」，経済法学会（編）『独占禁止法講座IV』商事法務研究会.
京藤哲久，1994，「法人の刑事責任―序論的考察―」，松尾浩也・芝原邦爾（編）『刑事法学の現代的状況』有斐閣.
Lynxwiler, J., Shover, N. & D., A., Clelland, 1983, "The Organization and Impact of Inspector Discretion in a Regulatory Bureaucracy", *Social Problems* 30-4.
McCormick, Jr., A., E., 1977, "Rule Enforcement and Moral Indignation: Some Observations on the Effects of Criminal Antitrust Convictions upon Societal Reaction Processes", *Social Problems* 25-1.
前田雅英，1992，『現代社会と実質的犯罪論』，東京大学出版会.
前野育三，1998，「現在の環境問題と刑罰の役割」，西原春夫先生古希祝賀論文集編集委員会（編）『西原春夫先生古希祝賀論文集（第3巻）』成文堂.
Matza, D., 非行理論研究会（訳），1986，『漂流する少年―現代の非行

少年論―」, 成文堂.
松原英世, 1995,「刑事制裁によるカルテル規制政策について―カルテル抑止効果を中心にして―」,『法と政治』46-1.
松原英世, 1996,「カルテル規制における規制当局の行動」,『法と政治』47-4.
松原英世, 1997,「企業活動規制戦略の理論的検討」,『犯罪社会学研究』22.
松原英世, 1998,「アメリカ環境保護法にみる企業活動のコントロール」,『法と政治』49-2/3.
松原英世, 1999,「経済犯罪の摘発と監視機構」, 中山研一・神山敏雄・斉藤豊治（編）『経済刑法入門（第三版）』成文堂.
松下満雄, 1990a,『経済法概説』, 東京大学出版会.
松下満雄, 1990b,『アメリカ独占禁止法』, 東京大学出版会.
松下満雄, 1990c,「日米構造問題協議と経済制度調整」,『ジュリスト』965.
松村良之, 1982,「刑罰による犯罪の抑止―アメリカにおける経済学的研究を中心として―(1)」『北大法学論集』33-1.
松村良之, 1982,「刑罰による犯罪の抑止―アメリカにおける経済学的研究を中心として―(2)」『北大法学論集』33-3.
松村良之, 1982,「刑罰による犯罪の抑止―アメリカにおける経済学的研究を中心として―(3)」『北大法学論集』33-6.
Mercurio, J., P., 1976, "Antitrust Crimes: Time for Legislative Definition", *Notre Dame Lawyer* 51.
御園生等, 1987,『日本の独占禁止政策と産業組織』, 河出書房新社.
森田朗, 1988,『許認可行政と官僚制』, 岩波書店.
森田朗, 1995,「法治行政と裁量行為」, 西尾勝・村松岐夫（編）『講座行政学第6巻』有斐閣.
守山正, 1993,「犯罪予防をめぐる「状況」モデルと「社会」モデル―欧米における展開―」,『犯罪社会学研究』18.
村上政博, 1988,『アメリカ独占禁止法―シカゴ学派の勝利―」, 有斐閣.

村上政博，1991，『独占禁止法の日米比較（上）』，弘文堂.
村上政博，1992，『独占禁止法の日米比較（中）』，弘文堂.
村上政博，1992，『独占禁止法の日米比較（下）』，弘文堂.
村上政博，1992，「執行力の日米比較」，『経済法学会年報』13.
村上政博，1996，『独占禁止法』，弘文堂.
Murphy, J., G., 1979, *Retribution, Justice, and Therapy*, Dordrecht: D. Reidel.
中山研一，1991，「経済犯罪の諸相」，『犯罪と刑罰』 8.
中山研一・神山敏雄・斉藤豊治（編），1994，『経済刑法入門』，成文堂.
永野辰雄，1992，『米国反トラスト法の実務』，商事法務研究会.
南部鶴彦，1992，『産業組織と公共政策の理論』，日本経済新聞社.
根岸哲，1985，「石油カルテル刑事事件最高裁判決と『公共の利益』論」，『経済法学会年報』 6.
西尾勝，1990，『行政学の基礎概念』，東京大学出版会.
西尾勝，1993，『行政学』，有斐閣.
西尾隆，1995，「行政統制と行政責任」，西尾勝・村松岐夫（編）『講座行政学第6巻』有斐閣.
野口文雄，1994，「平成五年度における課徴金納付命令の概要(上)」，『公正取引』524.
小木曽国隆，1997，「企業の刑事責任に関する従来の法理・法制裁論等の捜査・公判維持サイドからみた問題点」，『刑法雑誌』36-2.
屋宮憲夫，1991，「日米経済摩擦における「談合」問題と独占禁止法」，松下満雄(他編)『変容する日米経済の法的構造』東洋堂企画出版社.
小野坂弘，1971，「犯罪の常態性について」，『法政理論』 3-2.
大村英昭・宝月誠，1979，『逸脱の社会学』，新曜社.
Posner, R., A., 1970, "A Statistical Study of Antitrust Enforcement", *Joruna1 of Law and Economics* 13.
Reisman, W., M., 奥平康弘(訳)，1983，『贈収賄の構造』，岩波書店.
Rock, P., 1998, "Rules, Boundaries and the Courts: Some Problems in the Neo-Durkheimian Sociology of Deviance", *The British*

Journal of Sociology 49-4.
六本佳平, 1991,「規制過程と法文化―排水規制に関する日英の実態研究を手掛かりに―」, 内藤謙・松尾浩也・田宮裕・芝原邦爾（編）『平野龍一先生古希祝賀論文集（下）』有斐閣.
佐伯仁志, 1998,「法人処罰に関する一考察」, 芝原邦爾・西田典之・井上正仁（編）『松尾浩也先生古希祝賀論文集・上巻』有斐閣.
斉藤豊治, 1990,「経済刑法・経済犯罪研究における視座の変遷」,『刑法雑誌』30-4.
実方謙二, 1992,『独占禁止法［新版］』, 有斐閣.
実方謙二, 1995,『独占禁止法（第3版）』, 有斐閣.
Schlegel, K., 1990, *Just Deserts for Corporate Criminals*, Boston: Northeastern University Press.
Scott, D., W., 1989, "Policing Corporate Collusion", *Criminology* 27-3.
芝原邦爾, 1973,『刑法の社会的機能』, 有斐閣.
芝原邦爾, 1996,「経済刑法研究―独占禁止法違反の罪―(1)」,『法律時報』58-6.
芝原邦爾, 1986,「経済刑法研究―独占禁止法違反の罪―(2)」,『法律時報』58-7.
志田至朗, 1993,「最近の判例から, 業務用ストレッチフィルム価格協定事件判決」,『法律のひろば』46-11.
Simpson, S., S., 1986, "The Decomposition of Antitrust: Testing A Multi-Level, Longitudinal Model of Profit-Squeeze", *American Sociological Review* 51.
新庄浩二（編）, 1995,『産業組織論』, 有斐閣.
Snyder, E., A., 1990, "The Effect of Higher Criminal Penalties on Antitrust Enforcement", *Journal of Law and Economics* 33.
Stone, C., D., 1981, "Large Organizations and the Law at the Pass: Toward a General Theory of Compliance Strategy", *Wisconsin Law Review* 5.

参考文献

Sutherland, E., H., 平野龍一・井口浩二（訳), 1955,『ホワイト・カラーの犯罪』, 岩波書店.

Swigert, V., I. & R., A., Farrell, 1981, "CORPORATE HOMICIDE: Definitional Processes in the Creation of Deviance", *Law & Society Review* 15-1.

正田彬, 1980,『全訂　独占禁止法Ｉ』, 日本評論社.

滝川敏明, 1991,「独占禁止法違反への刑事罰」,『ジュリスト』983.

特集, 1996, "Environmental Crimes", *American Criminal Law Review* 33.

所一彦, 1994,『刑事政策の基礎理論』, 大成出版.

坪内俊彦, 1975,「アメリカ合衆国における独占禁止法刑事罰運用の実情について(1)」,『法律のひろば』28-12.

坪内俊彦, 1976,「アメリカ合衆国における独占禁止法刑事罰運用の実情について(2)」,『法律のひろば』29-１.

坪内俊彦, 1976,「アメリカ合衆国における独占禁止法刑事罰運用の実情について(3)」,『法律のひろば』29-２.

坪内俊彦, 1976,「アメリカ合衆国における独占禁止法刑事罰運用の実情について(4)」,『法律のひろば』29-３.

坪内俊彦, 1976,「アメリカ合衆国における独占禁止法刑事罰運用の実情について(5)」,『法律のひろば』29-４.

植田和弘, 1996,『環境経済学』, 岩波書店.

植草益, 1982,『産業組織論』, 筑摩書房.

上杉秋令, 1976,「アメリカのカルテル規制(1)」,『ジュリスト』607.

上杉秋令, 1976,「アメリカのカルテル規制(2)」,『ジュリスト』608.

上杉秋令, 1976,「アメリカのカルテル規制(3)」,『ジュリスト』609.

上杉秋令, 1976,「アメリカのカルテル規制(4)」,『ジュリスト』614.

上杉秋令, 1976,「アメリカのカルテル規制(5)」,『ジュリスト』616.

Vaughan, D., 1983, *Controlling Unlawfull Organizational Behavior*, Chicago: University of Chicago Press.

Vaughan, D., 1998, "Rational Choice, Situated Action, and the

Social Control of Organizations", *Law & Society Review* 32-1.
von Hirsch, A., 1976, *Doing Justice: The Choice of Punishments*, New York: Hill and Wang.
von Hirsch, A., 1985, *Past or Future Crimes: Deservedness and Dangerousness in the Sentencing of Criminals*, New Brunswick: Rutgers University Press.
von Hirsch, A., 1995, "The Future of the Proportionate Sentence", in Blomberg, T., G. & S., Cohen eds. *Punishment and Social Control*, New York: Aldine de Gruyter.
von Hirsche, A., 1995, *Censure and Sanctions*, Oxford: Oxford University Press.
和田健夫, 1987,「課徴金制度について」,『経済法学会年報』8.
Wilson, J., Q. eds., 1980, *The Politics of Regulation*, New York: Basic Books.
Yeager, P., C., 1987, "Structual Bias in Regulatory Law Enforcement: The Case of the U. S. Environmental Protection Agency", *Social Problems* 34-4.
横倉尚, 1975,「カルテルと市場構造・市場成果」,『季刊現代経済』20.
横倉尚, 1977,「カルテルの実証分析（上）」,『経済評論』26-4.
横倉尚, 1977,「カルテルの実証分析（下）」,『経済評論』26-5.
横倉尚, 1978,「カルテルの形成とカルテル規制政策（上）」,『武蔵大学論集』25-6.
横倉尚, 1978,「カルテルの形成とカルテル規制政策（下）」,『武蔵大学論集』26-5/6.
吉岡一男, 1984,『刑事制度の基本理念を求めて』, 成文堂.
吉岡一男, 1991,『ラベリング論の諸相と犯罪学の課題』, 成文堂.
吉岡一男, 1997,『刑事制度論の展開』, 成文堂.
吉岡一男, 1997,「企業の犯罪と責任」,『法学論叢』140-5/6.

〈著者紹介〉

松 原 英 世（まつばら・ひでよ）

1969年　兵庫県に生まれる

1992年　関西学院大学法学部卒業

1994年　関西学院大学大学院法学研究科博士課程前期修了

2000年　関西学院大学大学院法学研究科博士課程後期修了，博士（法学）取得

現　在　関西学院大学法学部非常勤講師

共著書　『経済刑法入門（第三版）』成文堂（1999年）

〈*Law & Society Début Series No. 1*〉

企業活動の刑事規制——抑止機能から意味付与機能へ——

2000年（平成12年）8月10日　　第1版第1刷発行

著　者　松　原　英　世

発行者　今　井　　　貴
　　　　渡　辺　左　近

発行所　信　山　社　出　版

〒113-0033 東京都文京区本郷6-2-9-102
TEL　03（3818）1019
FAX　03（3818）0344

Printed in Japan

印刷・製本／勝美印刷・大三製本

ISBN 4-7972-2171-2　C3332

陳　晋　著
『中国乗用車企業の成長戦略』

500488
栞第１刷
2000・6①
信　山　社
東京都文京区
本郷6-2-9-102

中国企業研究に経営戦略論を適用する新たな試み

藤本隆宏
（東京大学教授）

二一世紀を迎える自動車産業では世界規模での競争激化と合従連衡が顕著であるが、そうした中で、巨大な潜在成長力を持つ新興市場として注目されてきたのが中国市場である。既に商用車を中心に、一九九〇年代末には国内生産・販売共に一五〇万台程度の規模に成長している。基本的には完成車輸入が制限され、保護された市場であるが、そこに一〇〇社以上の国内メーカー（多くは小規模の地場企業）がひしめいており、その再編・集約化は必至と言われる。

そうした中で、とりわけ成長が期待されているのが乗用車セグメントである。この部門には、国内組立企業数を制限する国家政策があり、実際、この政策で認められた八社が何らかの形で外資と提携しながら乗用車を国内生産している。これら各企業は、計画経済から市場経済へと移行する中で、それぞれ成長戦略を立て、多様な競争行動を見せている。

しかしながら、改革開放期の成長産業である乗用車に対する従来の研究は、多くの場合、政策レベルあるいは産業レベルを総括的に論じたものが多かった。経済体制論・経済政策論的な視点からのアプローチが多く、中国の経済体制の特殊性は考慮されていたものの、個別企業間の主体的な競争行動や成長戦略の違いを、一貫した枠組みに従って体系的に

三　明治・大正を見た人々
5　小泉八雲の法哲学／6　蓬萊の島にて／7　鹿鳴館のあだ花のなかで／8　青年経済学者の明治日本／9　ドイツ哲学者の祇園体験
四　アメリカ知識人と昭和の危機
10　ジョン・ガンサーと軍国日本／11　オーウェン・ラティモアと「魔女狩り」／12　歴史としての太平洋問題調査会

純粋雑学　本体価格 2,900円

主要目次
一　純粋雑学
1　研究と偶然／2　漢文・お経・英語教育／3　五十音拡充論／4　英会話下手の再評価／5　ワードゲームの中のアメリカ／6　ドイツ人の苗字／7　「二〇〇一年宇宙の旅」／8　ウィーンのホームズ／9　しごとの周辺／10　思想としての別役劇／11　外国研究覚え書き
二　駒場の四十年
　A　駆け出しのころ
12　仰ぎ見た先生方／13　最後の貴族主義者／14　学問と政治—ストライキ問題雑感／15　「居直り」について／16　ある学生課長の生涯
　B　教師生活雑感
17　試験地獄／18　大学私見／19　留学生を迎える／20　真夏に師走　寄付集め／21　聴かせる権利の法哲学／22　学内行政の法哲学
　C　相関社会科学の周辺
23　学僧たち/24　相撲取りと大学教授/25　世紀末の社会科学／26　相関社会科学に関する九項/27　「相関社会科学」創刊にあたって/28　相関社会科学の現状と展望／29　相関社会科学の試み／30　経済学について／31　ドイツ産業の体質/32　教養学科の四十年・あとがき/33　教養学科案内
　D　駒場図書館とともに
34　教養学部図書館の歴史・現状・展望／35　図書館の「すごさ」／36　読書と図書館／37　教養学部図書館の四十年／38　「二十一世紀の図書館」見学記／39　一高・駒場・図書館／40　新山春子さんを送る
三　私事あれこれ
41　北一輝の誤謬／42　父の「在満最後の日記」／43　晩年の孔子／44　迷子になった話／45　私が孤児であったなら／46　ヤルタとポツダムと私／47　私の学生時代／48　受験時代／49　「星離去」考／50　私の哲学入門／51　最高齢の合格者／52　飼犬リキ／53　運命との和解／54　私の死生観

されど、アメリカ　本体価格 2,700円

主要目次
一　アメリカ滞在記
1　アメリカの法廷体験記／2　アメリカ東と西／3　エマソンのことなど／4　ユダヤ人と黒人と現代アメリカ／5　日記——滞米２週間
二　アメリカと極東
1　ある感傷の終り／2　ある復讐の物語／3　アメリカ思想と湾岸戦争／4　「アメリカの世紀」は幕切れ近く